幻想と復讐
Illusion and Revenge

中野 順哉 JUN-YA NAKANO

関西学院大学出版会

目次

第一部

「和室」という幻想、そして復讐

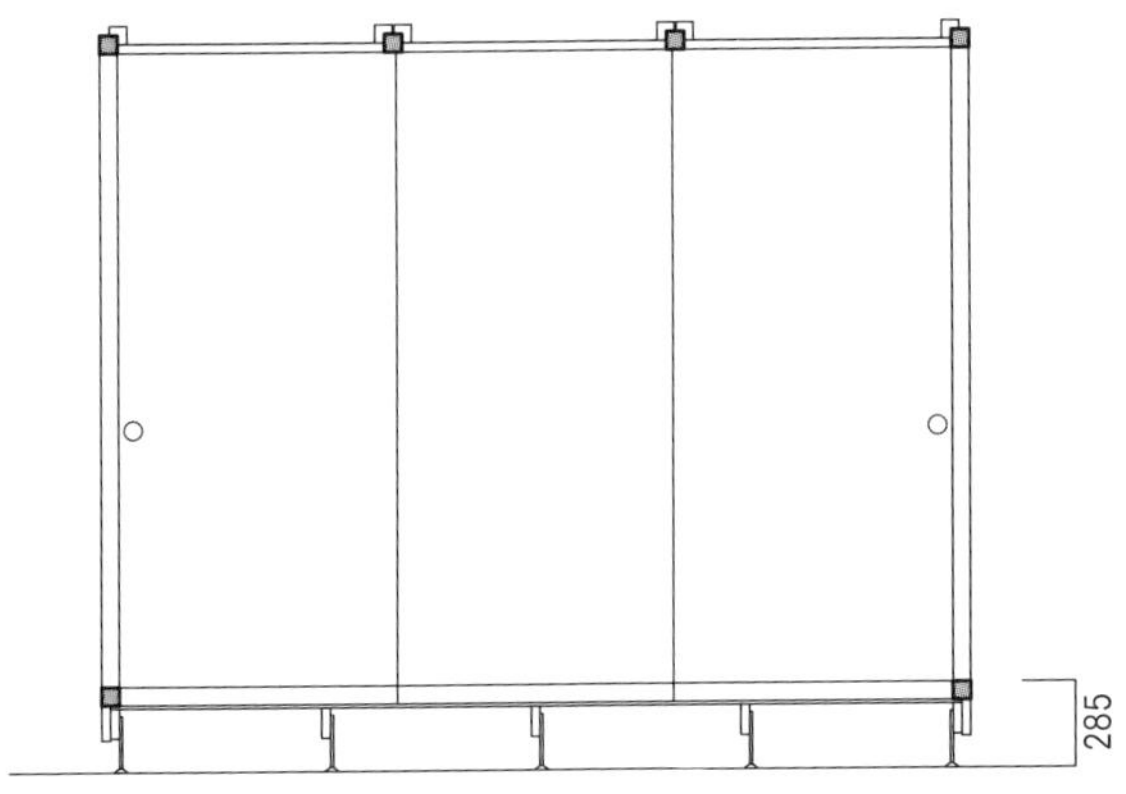

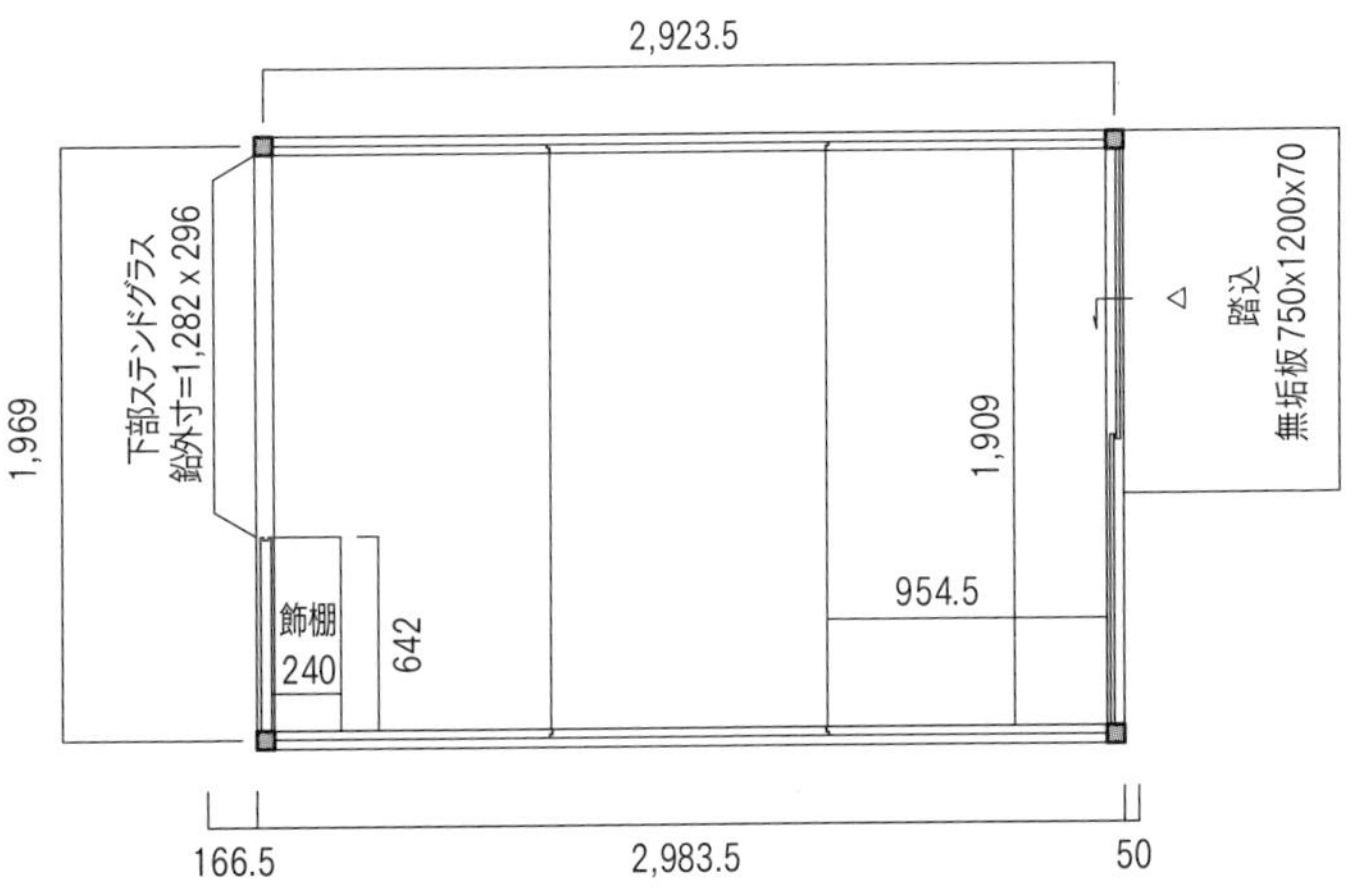

「器」配置兼平面図　S=1/50　建築設計室Morizo-提供図を簡略化して掲載

「器（うつわ）」と出会う

人間は思い込みの中に生きている。
ある「空間」を目にしたとき、それを実感した。

まずは写真を見てほしい。
これは何か。

あらためて考えるまでもなく「和室だ」と認識している自分がいた。でも、もう一歩踏み込むと、迷宮の中に入ってしまう。

どうして和室だと言えるのか。
そもそも和室とは何だ。

もちろん学研的な定義はあるのかもしれないが、私が迷っているのはそこではない。日常生活の中で、「和室かくありき」などという定義とともに、私は生きてはいないのだから、もっと自然な何かが、これを「和室だ」と感じさせているに違いない。問題は、その何かだ。何がこの空間を、私に「和室だ」と感じさせているのか。

人間というのは、事実を認識する上で、それほど自由自在な存在ではない。一瞥して何でも「これは何々だ」と理解するためには大抵、それまでにあった事象を参考にし、目の前の出来事を整理している。同国人や同郷人、同世代人などが比較的簡単に理解し合えるのも、そのベースとなる事象を共有しているケースが多いからだろう。おそらくこの空間も、「和室だ」

とする私の感覚を、奇異だと思う人は少ないのではないか。つまり、そう感じさせる「すでに見てきた何か」「すでに存在する何か」を我々は共有しているに違いない。その何かとは何か。

畳だろうか。

たしかに畳は他の国にはなさそうだ。あるのかもしれないが、少なくとも西洋的なライフスタイルのレギュラーメンバーではない。これこそ「日本的なもの」なのだとすれば、これがあるから「和室」と感じたのかもしれない。

でも、畳さえあれば何でも「和室」なのだろうか。たとえば体育館の床一面に、畳が敷かれていたとしたらどうだろう。その巨大な空間にびっしり畳が敷かれた様子を見て、はたして「和室」と感じる人はどれほどいるのだろうか。大抵は「畳の敷かれた体育館」あるいは、何かの武術の道場といった捉え方をするように思う。

体育館は空間として大きすぎるのかもしれない。ではサイズなのだろうか。それも、そうだとは言い難い。旅館の大広

間などを見たとき、「和室」と感じる。どれだけ大きな空間……仮に千人ほど入る大広間であっても、きっと同じだ。どうも単純にサイズの問題ではなさそうだ。

天井の高さなのだろうか。体育館ほど天井の高い大広間というのはない。だいたい日本の建築物は天井が低い。百貨店でも、昔の建物は天井が低いものもある。ああいったものを見ると、「日本の建物だな」という気にもなる。

天井の高さ。可能性はあるかもしれない。

そう思ってこの空間の天井を見る。

写真で見ているあの「空間」には天井がない。

では障子だろうか。

障子があれば「和室」。そんな気もする。

でも……たとえばマンションのリビングルーム。そこの窓にカーテンやブラインドではなく、障子をつけるというケースがない訳ではない。レストランでもそんなところはごまんとあるだろう。そこは「和室」ではない。障子のあるリビングルーム。どちらかといえば「洋

室」。そこに和のテイストを足したような感じ。

それどころか逆に、この写真で見ている「空間」にはステンドグラスまで付いている。ステンドグラスは和の素材ではない。そんなものが混じっていても、やはり「和室」だと感じる。

目の前に実在する「空間」のことでありながら、それを認識させるものは、「空間」の素材や構成要素やサイズ、そういったパーツの問題ではない。言い換えれば「具体的な何か」で「和室」という認識は成立しないのかもしれない。もっと別の要素。しかも共有している「何か」が作用している。

いったい何を無意識のうちに感じているのだろうか。

まずはこの空間のことを説明しておこう。

これは「器」と名付けられているもの。

高さ二メートル。

幅三メートル。

奥行き二メートル。

コンパクトに整った、どこにでも持ち運べる「空間」である。

考案したのは建築家の内田利恵子さん。

彼女に尋ねた。

これはいったい何なのかと。

彼女も半ば首を傾げながら言った。

「最初からこれをつくりたかったわけではない」と言う。

「日本の職人。表具師にしろ、木工職人にしろ、畳職人にしろ、皆水準が高い。人間国宝には選ばれていない『普通』の職人が持つ、技術・感覚のレベルが高いのです。でも、現代人はそれに気づいていない。知らない。どうすれば認識してもらえるのだろうと考えた結果、気がつくとこれができていた。そんな感じです」

意識して「和室」をつくろうと思ったのではなく、表具師、木工職人、畳職人の技術を組み合わせ、その真価を感じてもらおうとすれば、自然と「和室」と感じる空間が生まれたということなのか。であれば、彼らの技術力が「和室」と感じさせているのか。

もしそうなら現代人は、内田さんの言うように「気づいていない」のではない。

これを見て「和室だ」と感じる人間は、無意識ではあるが、気づいていることになる。そんなことを考えつつ、街中を歩いていると、「おや?」と思うようなものに出会う。「ガシャポン」というのだろうか。昔からよくある、何枚か硬貨を入れてハンドルを回せば、カプセルに入ったおもちゃが出てくるもの。そこに、「和室」をテーマにしたものがあった。

一つひねってカプセルを開ける。

畳が入っていた。

たしかにこれらをきっちり集めて、一部屋を構成すれば、それを「和室だ」と感じるに違いない。ということは、感じさせる何かは、職人の技術力だとは言えない。このガシャポンも、ある意味技術力なのだろうが、内田さんの言うのとは違う。

あらためて「ガシャポン」の畳を見つめた。

ふと思い出す。

クロード・レヴィ=ストロースの『野生の思考』にこんな言葉があった。

「縮減模型はつねに美的目的を持っているようだ」

「絵画にしても彫刻にしても、対象の持つ次元をつねにいくつか切り落とす。絵画においては体積を、彫刻においても色、匂、触感を、さらに両者において時間の次元を――具象作品は、その全体が対象をある一瞬にとらえたものだから」

「寸法についてであるにせよ、属性についてであるにせよ、それでは縮減にどのような効果があるのだろうか? それは**認識過程の転倒**にあると思われる。(略) 原寸大の物ないし人間を認識しようとする場合とは逆に、**縮減模型では全体の認識が部分の認識に先立つ。それは幻想に過ぎない**かもしれないが、そうだとしても、知性や感性に喜びを与えるその幻想を作り出し維持することがこの手法の存在理由である」

「ガシャポン」の畳も縮減模型である。ガシャポンだけではなく、ドールハウスと言われるものは、間違いなく「縮減模型」である。あくまでもおもちゃであるが、美的目的を持っている。少なくともじっとこれを見て楽しむ感覚を共有する人間は多い。商品として大量生産されていることが何よりもの証拠だ。

「器」という空間も、縮減模型の一種であるのかもしれない。

それ自体はほぼ原寸大の空間ではあるが、ここで生活しようと考える人もいないし、そもそもできそうにない。「本物の空間を使っている様子」を、イメージさせる模型だ。

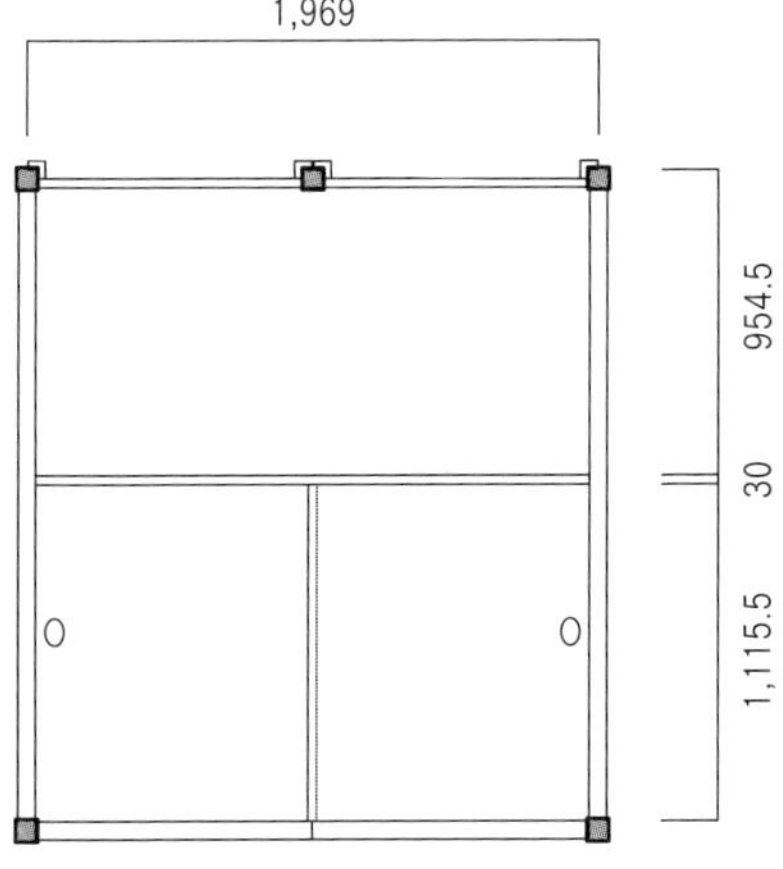

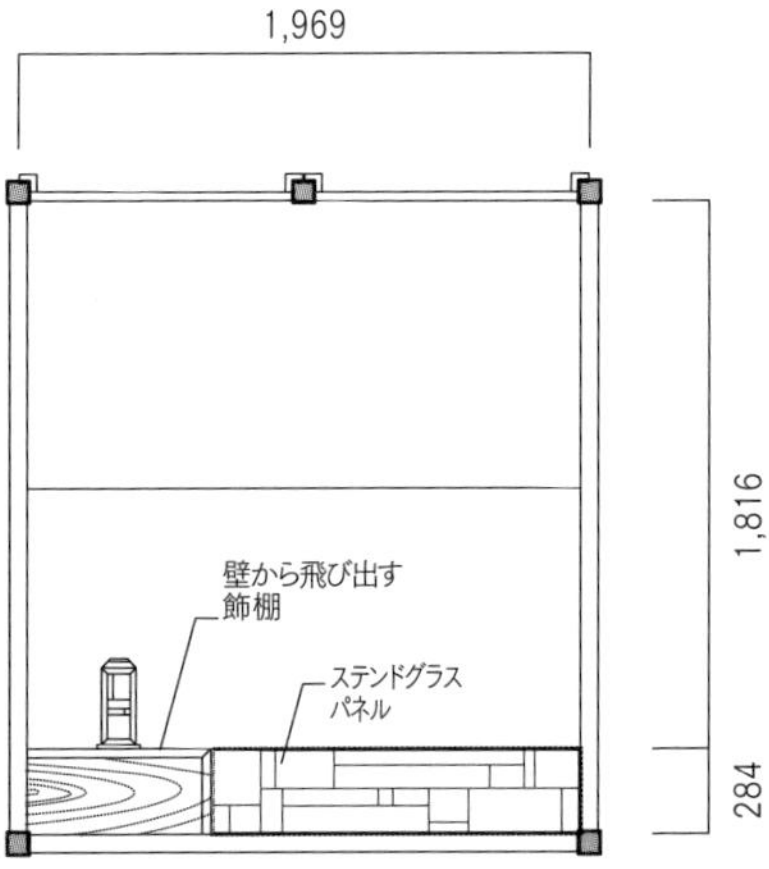

「器」展開図　S=1/50　建築設計室Morizo-提供図を簡略化して掲載

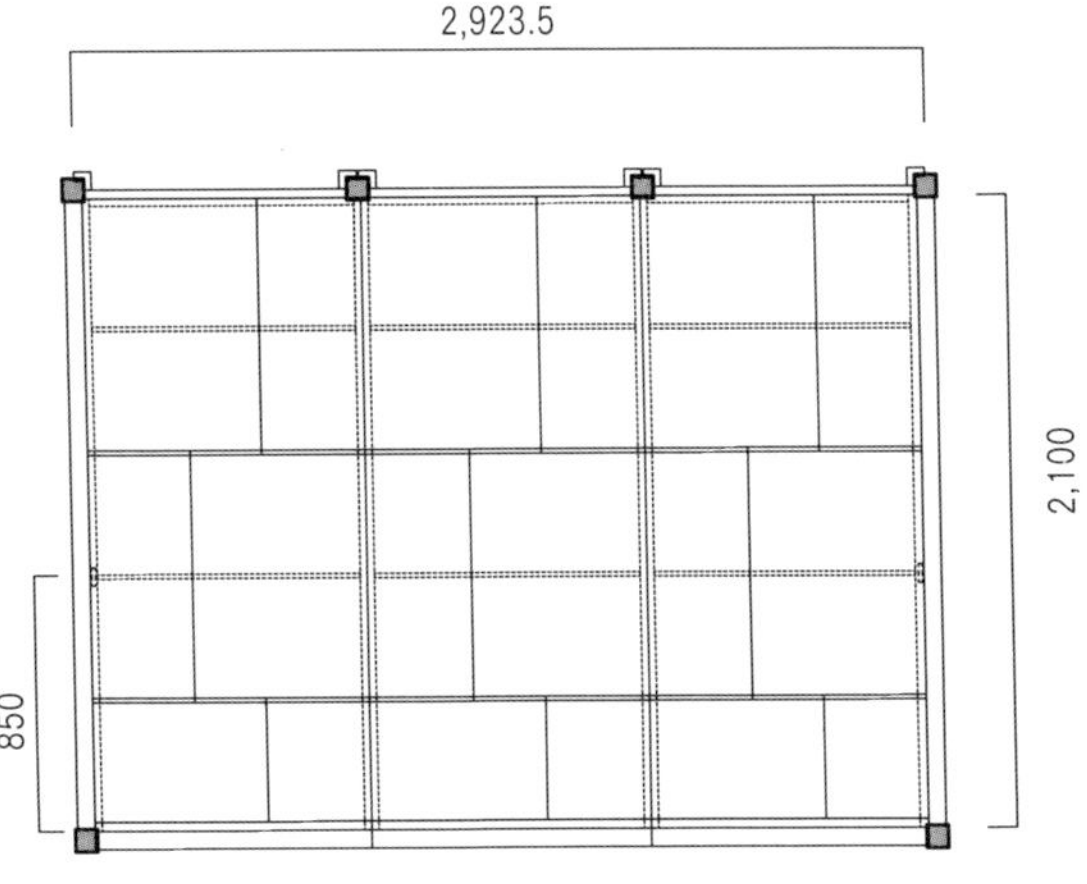
2,923.5
2,100
850

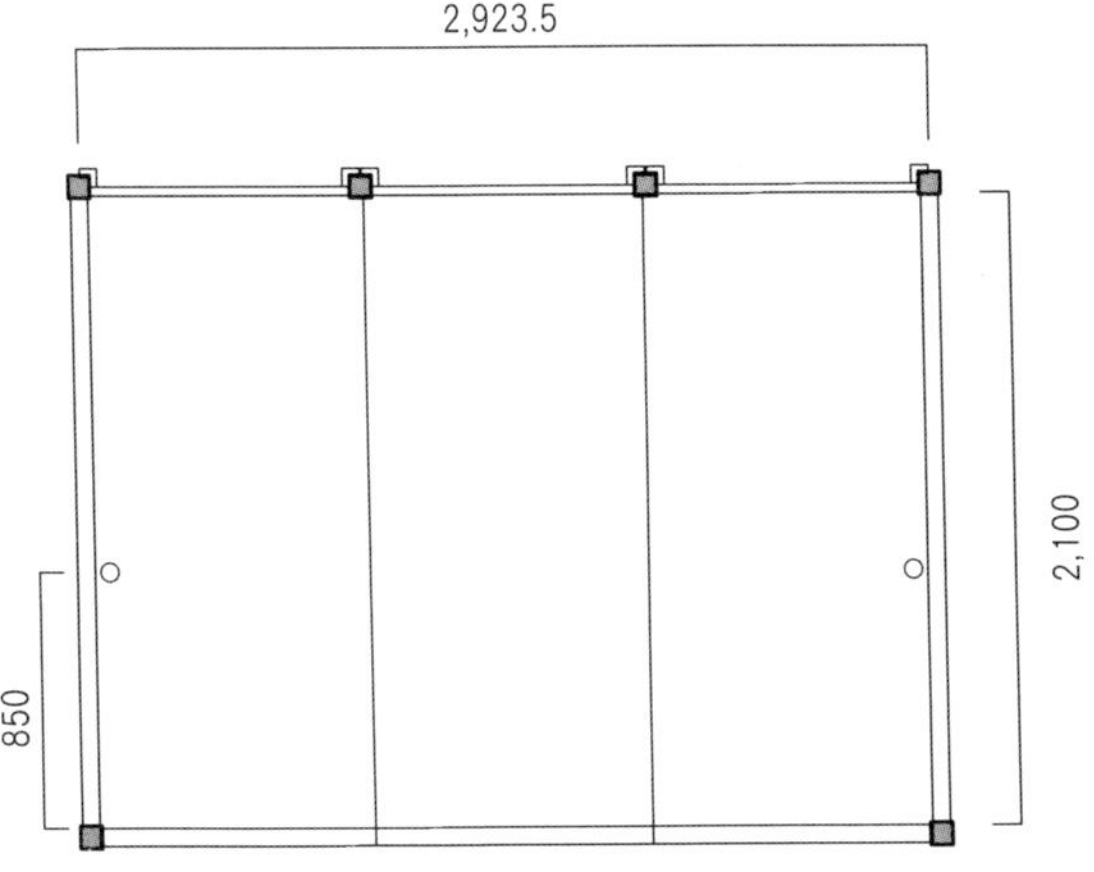
2,923.5
2,100
850

実際の和室は、人の営みの中に存在する。

それを「全体」と考えるならば、模型はそこから多くのものを切り落として抽出したもの。

だから「器」という模型も「認識過程が転倒」している。

「具体より全体の認識が先立つ」

パーツを取り上げても答えが出ないのはそのためだ。

全体の認識＝日本人の営み。それをひっくるめて「和室だ」と感じさせた。

そしてその認識は「幻想」である。

「器」は「和室」という幻想をつくり出し、見ているものはそれを楽しんでいる——ということか。

「縮減模型」の幻想

いや待てよ……。

そもそも和室というもの自体が、幻想を与えている可能性はないか。

美しい和室を見たとき、単に綺麗な空間というよりも、もっと特別な……威厳とでも言うべき存在感、むやみやたらとそこに入ってはいけないような、結界の中のような、とても高貴で崇高な「美」と対面しているような気がするのは、私だけだろうか。

それが幻想なのだとすれば、「和室」自体が、縮減模型なのではないだろうか。

太田博太郎氏の『床の間』という本に、こんなことが書かれていた。床の間の床に、人が座るということは、安土桃山時代においては珍しいことではなかったと。千利休も次のように記しているという。

「座中狭き時は、床へも上りて苦しからず」

客が多いときは床に上がってよい——ほんと？　思わず声を出した。美しい床の間に連れて行ってもらい、鑑賞しながら私が床に入ってそこに座ったりしたら、きっと追い出されるに違いない。少なくとも二度と招いてもらえないだろう。どれほど世代が変わったとしても、そんな行動には違和感を覚えるに違いない。

太田氏は同書の中で「一六世紀の前半、室町時代末期には、今日の床の間と同じものがすでにあった」と結論している。その同じ空間に対して、感覚のズレがある。そのズレとは、具体的には床の間の床を、「実用」と考えるか「鑑賞」と考えるかの違いだ。

この変化。それはサイズこそ変化しないが、縮減模型化つまり幻想を楽しむ美へと移行していったということではないのか。

いや、もう少し注意深く利休の言葉を読めば「～時は、苦しからず」となっている。「～時」でない場合は「苦しい」のだ。つまり、十六世紀前半に床の間ができたとき、すでに床は「いつでも座ってよい」場所ではなかった。わざわざ「座ってもよい」と利休が書かねばならなかったのは、普通は「座らない」からだ。床の間は、誕生時からそういった空間だったのだろう。それ自体が、多くのことを切り落とした縮減模型なのだ。全体として認識する幻想を楽しむ空間。そんなものを日常の中に取り入れようとする感覚に驚かされる。

床の間が誕生した十六世紀前半。それよりも百年ほど前のことに関しても、同様の記述がある。前久夫氏の『床の間のはなし』という本にあったのだが——

自分流にまとめると次のようになる。

「書院造」という空間がある。

これはそれまでの寝殿を中心とした「寝殿造」に対し、書院を中心にした住宅形式のことだ。寝殿とは寝起きする空間。一方書院とは大まかに言えば書斎のことになる。この書院が実用的な書斎から装飾へと変貌してゆく時期があるという。

書院造の源流として、現存する最も古いものの一つに、銀閣寺の東求堂にある同仁斎がある。前久夫氏の著書によれば、『君台観左右帳記』という書物に、同仁斎の飾り付けについて、次の一文があるそうだ。

「北の方東一間は書院、硯、筆架、筆、墨、中に文台、書物、一帖おかるる」

文房具や書物を飾りとして置いていたというのだ。

つまり十五世紀の初めには、装飾化が起きていたということになる。

十五世紀——室町時代。

いったいこの時代に何があったのか。

私自身の興味の問題ではあるのだが、室町時代と言われて最初に思い浮かべる「空間」は、能である。

能は舞台も、小道具も、演技自体も、すべてが象徴であり「何かを切り落とした」世界である。そしてそこから生まれる幻想に、鑑賞者は酔いしれる。特に夢幻能はそうだ。舞台から与えられるものすべてが幻想だと言っても過言ではない。能を演じ終えた後、演者たちは黙って下がってゆく。西洋の舞台やコンサートに慣れている観客は、戸惑いながらここで拍手をするのだが、私は拍手ができない。演者が演じていた舞台ではあるが、そこに幻想が生まれ、その幻は、彼らがいなくなった舞台に、まだ残っている。そう感じてしまうからだ。

この幻想を舞台という特殊空間だけではなく、生活空間にまで持ち込んで発展してゆく書院造が、現代まで脈々と受け継がれる「和風建築」のベースとなってゆく……のだとしたら、内田さんの言う「日本の職人の技術水準の高さ」という言葉も、違ったように聞こえる。

日本の職人は、基本的には実用的なものをつくっている。

しかし、同時にそれは縮減模型でもある。

「実物」「実用」とは近しいものでありながら、何かを切り落とし、使う人間に「幻想」を与える美術品でもある。

美的意識と日常が同居する。

その隔たりがなくなる。

そんな感覚が室町時代に生まれた。

構想を現実のものにするのが職人である。

その職人の技の水準が高いことを、今、日本人は意識しないから、内田さんは「器」をつくったという。


これはどうしても、内田さん自身、そして「器」を生み出した職人の方々にお会いして、話を聞いてみなければいけない。

木の好きな建築設計士・内田利恵子

さっそく、内田さんにお話を聞いた。

――「器」とは何？

人を入れる空間です。

――どうしてつくろうと思った？

日本の職人さんは、人間国宝レベルでなくとも、「普通の人」のレベルがとても高いんです。でもそういった評価が国内でもあまり意識されているとは思わない。また和室がつくられない傾向にあるなかで、次々にそういった人たちが廃業してゆくのがもったいない。そこで何かできないかと。

彼らは完全な分業で、畳は畳屋、表具は表具師、建具は建具師。だからＰＲするといっても、それぞれバラバラです。でも使う人はそれら全部を含めて「部屋」として使う。だから

「部屋」という単位で表現するのが最適だと考えたんです。

ですので、和室をつくろうと思って「器」ができたのではなく、結果的にあいった形になったということになります。コンパクトにまとめ、移動できる単位としての「部屋」を生み出すことで、彼らの技を感じてもらえればと。

――そもそも内田さんのお仕事は？

設計士です。

ただ、机の上で図面を引いているのではなく、建設現場が好きで、常に足を運び、一緒にドロドロになっています。なので依頼主は私を見ても設計士だとは思わず、完成後に「よう頑張ってくれたね」とプレゼントをいただいたり、「うちの息子の嫁に」と言われたり。そんな対話ができるのも、現場の魅力だと思っています。

木が好きで、木のデザインを得意とする設計士になりたいという思いもあって、職人さんの仕事にたいへん興味を持ちました。現場でいろんなことを教えてももらいました。ただ、そのうちに現場ではわからないことが山ほどあることを知り、山に通い始めるようになったんです。長野県に行ってチェーンソーで木を伐らせてもらったり。そのときに痛感しました。これまで、こんな大変な思いで届けてもらっていた木材、それを平気で値切ったりしていたことを、心からごめんなさいと思うようになりました。そして、その発見をエンドユーザー（最終的に使う人）

にもなんとか伝えたい。そう考えて小さな講習会を始めました。

その講習会では、実際に工房にお邪魔して仕事を見させてもらったりしたのですが……明確になったことは、とても多くの人に支えられて、建設が成り立っているにもかかわらず、そういった人たちのこと、彼らが何をしているのか、そこにどんな苦労があるのかを、「建ててもらう人」は何も知らないということでした。建設を支えている人のことを広く知ってもらうことで、使う人も家・部屋といったものに、愛着やお金ではない価値を見出すことができるのだと思うんです。

そしてそれを伝えるのは、依頼主と一番距離の近い、設計士である私ではないのかと。「器」が生まれた背景は、そういったところにあります。

＊＊＊

この話を聞きながら、ふと信濃川のことを思い出した。

ＪＲ東日本の電力。その大半は、信濃川の水力発電に頼っている。その結果、流れる水量が大幅に減り、水温が上昇し、生態環境が貧弱なものになっている。このような負担を地域の人間と自然環境との間に引き起こしているということを、首都圏のエンドユーザーは知らない。たとえば山手線に乗る人が、電車に揺られながら日々それを感じ、感謝しているなど、まずもってあり得ない。同じことが、建設の現場でも起きている。

質問を続けた。

＊＊＊

―― たとえば、どんなことを「知らない」？

なんてことないところに、いろいろな工夫・知恵が入っているんです。

たとえば……畳屋さんの表替え（畳表と畳縁を新しいものに交換すること）。ずっと畳を使っていると、箪笥（たんす）などの下になっている箇所はへこんでしまいます。そこにイグサを入れて手当てをしてくれている。この作業は完成すると隠れてしまって見えません。

また襖（ふすま）。これも次の人のことを考えて、最小限の糊を使う。次張り替えるのは自分かもしれないけど、まったく別の人かもしれない。それでも、その人がしやすいようにそうする。ここも見えない部分です。

こういった「愛」の連鎖。それは見えないから、ユーザーも設計士もわからない。でも職人は決してそれを言わない。なぜなら――「当たり前のことだから」と言う。そういった愛が、和室の至る所にあるので、お客さまを迎える「ハレ」の場所にもなり、ゴロリと横になる

「ケ」の場所にもなりうるのだと思うんです。「器」をイベントで使うとき、大抵そこを茶室として使用する場合が多いのですが、個人的には「寝転がってほしい」と思っています。説明なしで感じてほしい。その最小限の単位として生み出した空間なので。

――内田さんは、ここ数年、「器」を通してドイツとの交流を深めておられるそうですが、ドイツとの交流でも、そういったことを目指している？

最初にドイツに興味を覚えたのは、マイスター制度がどのように機能しているのかという点でした。こういう制度があるということは、それだけ技術者を大事にしているし、一般市民レベルでも、技術者に対して一定の敬意を払っているのではないか。そんなことも想像していました。またドイツ人の真面目さと、日本人の気質はどこか似通っているところもあるのかなと。ですのでほとんど直感ですね。

とにかく一年くらい現地にいれば何か見えてくるかなと思って行ったのですが、結局二年半かかりました。そこで見えてきたこと。まず、ドイツでも手仕事の文化は根付いていて、とても高度でした。ただ、より印象的だったのは、彼らも日本の職人の現状とあまり変わらない状況にあるということでした。仕事の量が激減しているのです。

理由もほぼ同じです。

多くの人が必要な木工製品をＩＫＥＡで買う。

だから木工は工場生産が主流。
なぜならハンドメイドは高価だから。

そもそもハンドメイドしかなかったところに、別の選択肢ができて、高価から安価へと流れてゆく。木工所でも職人を減らし、機械を買って大量生産へと舵を切る。そんななかで生き残る職人は、マーケティングの上手な人になる。マーケティングが上手な人が必ずしも技術力が高いわけではないとすれば、「本当にいいものが欲しい」というときに困ってしまう。現状に対する彼らの感想としては「民が市場を壊している」というものでした。

――日独の架け橋にはなり得た？

ドイツの木工の職人さんに、日本の伝統的な鋸(のこぎり)を七種類ほど見せると、たいへん興味を持ってくれました。さすがにドイツの職人さんの水準は高く、日本の職人さん顔負けの器用さで、鋸を使っていました。で、それを彼に預けて私はいったん帰国したんです。

次にドイツに戻ってきたときに、彼から「ノコギリの目立て」を頼まれました。今度はそれを持って帰り、三木市の職人さんにお願いをしました。ドイツの職人さんは「目立ての仕方」を学び、三木の職人さんはユーザーの意見を知る。お互いにもっと意見交換をしたいと考えているようで、そんな架け橋にはなれたのかなと。

――「器」に関しての感触は？

彼らの感触というよりか、私自身に発見がありました。

ドイツ人というか、おそらく欧州の人は概ね、休日公園で一日ゆっくり過ごしたりしています。ごく普通のこととして。自分も日本に帰ればそうしようと思っていたのですが、どうしてか、それができないんですよ。なんとなく社会の空気が違っていて、それに合わせようとしているようで。これって何なんだろうかと考えると……。欧米人にとってイマジネーションの源泉は、たとえば公園だとか、カフェだとか、家の外にあるのかもしれない。一方、日本の場合は厳格な内外の区別がない。和室もそれを隔てない。

そういうことと関係があるのかどうかはわかりませんが、現代建築は「できたとき」が一番良く、そこから劣化してゆきますが、和室は「できた瞬間が一番いい状態」ではありません。後になってそういった瞬間が来る。それはお金を払う瞬間ではありません。

お金の価値で考えることは、内と外をはっきり区切っているように思います。

でも、日本人の感覚は、それを好まない。

それが和室の根幹なのかなと。

＊＊＊

お金の価値ではない価値。

経年の先にある価値。

時間の価値とでもいうべきものか。


合理性を突き詰めるということは、時間を「小さくする」ということなのかもしれない。


現代は真理に向かって、最短距離を進む。

その行き着く先は「同時性」。

世界中、どこでも同じ価値で、同じものが手に入る世界。

そこにタイムラグがあってはいけない。


飛行機、新幹線、高速道路。ここ数十年の変化ですら、時間はどんどん「小さく」なっている。

お店に行かなくても買える。

ネットで買える。

スマホで買える。

そしてすぐ届けられる。

時間が「小さく」なる。

家の外。
日常と外界。
そこに隔たりがあれば、隔たりを超える「時」が生じる。
「時」は日常の外にある。
だから克服する何かであったのかもしれない。

しかし、日常と外界に隔たりがなければ――
そこにあるのは、関係性。
関係性は「時」とともに育まれる。
関係性は地域によって変化する。
人と、人が住まう環境との関係が、地域によって変わるから。
海とともに生きる人々。
山とともに生きる人々。
川とともに生きる人々。
どれも異なる。
独特の関係とともに刻まれる、独特の時間。
そんななかで時間に価値が生まれる。

和室が「将来に最高の状態になる」のは、そんな価値観が育んだものだから……ということなのだろう。

木と空間と時間――木工職人・前田秀幸

内田さんとの話の中に「木が好き」という言葉があった。

そこにも「時間」との関係を感じる。

ステファノ・マンクーゾ、アレッサンドラ・ヴィオラ、マイケル・ポーランによる『植物は〈知性〉をもっている』という本に、こんな一文がある。

「植物についての思い込み（＝植物は動物よりも鉱物に近い）は、ほとんど本能的なものだ。人間の知覚では、植物の動きをとらえることができない。そのため、命をもたないただの物体のように思えてしまう。（中略）植物の動きを肉眼でとらえられない以上、私たちが心の底から植物を理解することなどできないのだから。」

つまり人間が植物の本当の姿を受け入れられにくい要素の一つに「時間」があるという。

これも「時間との付き合い方」を感じさせられる一文だ。

家の外のこととして植物を捉えれば、「理解することができない」という結論になる。

しかし、家の内外に隔たりがなければ――


「家にいることで、山に行った感覚を体感できる。そんな要素を日常の中に取り入れることで落ち着く。そうすれば、家が寝泊まりするだけの空間ではなくなる」


そう言うのは木工職人の前田秀幸さん。

「器」を製作したメンバーの一人だ。

出身は熊本県。当地で木工職人をしていた父のもとに生まれる。

「とにかく厳格な父親で、典型的な頑固親父でしたので、その仕事に興味を覚えるなど……。どちらかといえば嫌いで、それに兄もいましたのでね。仕事を継ぐなんて考えてもいませんでしたよ」

鬼のような父の姿しか知らない。

さっさとここから逃げ出したい。

小学生の頃から何かしらの手伝いをさせられつつ、いつもそんなふうに思っていたのだという。そして学校を卒業して飛び出した先が大阪であった。そこで建設会社に入る。設計士を目指していたので、図面を引かせてもらえると思っていたが、配属先は営業。「土地売り」をさせられた。

そもそもが口下手。それでも頑張ってみたが、二年ほどやって向いていないと実感した。そんなときに実家から連絡があり、「手伝いに帰ってきてほしい」とのこと。再び熊本に戻ってきた。

入れば当然一番の下っ端。

厳格な年功序列の世界の中で、五、六人の職工さんのもと、修行を始めることになった。年功序列なので、一人辞めて、一人入れば「一番下」からは解放される。ところが上が辞めない。だからずっと下っ端。ずっと修行。

下っ端なので一から十までつくるということをさせてもらえない。戸建て用の障子づくりがもっぱらの仕事であった。

修行時代は十年ほど続いた。

そんななか、機会をくださる人もいた。とあるお医者さんが、ゲストハウスをつくりたいという。そこで自分で図面を描いて、資材を探し、見積もりを出して、最初から最後まで仕事をさせてもらった。でもすぐに独立はしなかった。「父の手伝いをしなければ」と言いつつ、本心は自信がなかったのだった。

転機は結婚だった。相手は大阪での営業時代に知り合った女性。いずれ大阪に戻ってくるかという前提でのお付き合いだったので、自然な成り行きだと言えばそうなる。ようやく熊本を離れ再び大阪に向かうが、なかなか良い木工所に出会えない。ようやく見つけた会社の面接で、はっきりこう言った。

「お金はこれだけください。それだけの利益は出しますので」

父親譲りの九州男児魂がそう言わせた。それを面白いと感じるのは大阪の気質。入社二カ月で工場長をさせてくれたりもした。そして晴れて独立する。

「開業半年で挫折しそうでした。最初だったので、来た仕事は全部引き受けさせていただいたのですが、まあ、この業界はなかなか。お金を支払ってくれないケースが続き、手形をもらっても相手さんが倒産したりと。それで一年目で一〇〇〇万円の不払い。ここからのリカバーに五年かかりました」

ありがたいことに仕事は尽きなかった。徹夜の連続で馬車馬のように働き続け、なんとか会社を守ってゆくうちに、気づけば食べられるようになっていた。

仕事の内容は主に店舗関係だという。

店舗関係の建具というのは、簡単に言えば、そのスペースに必要な木造部分のすべてということになる。店舗なので求められるのは合理性や利便性。そういった流れの中で仕事を続けているが、個人の思いはちょっと違うところにある。

「仕事の上では求められる便利さ、合理性を追求しますが、自分自身はアウトドア派。考え方もアナログなので、住みたい家には真っ直ぐではない、自然を感じられるもの、たとえば伐ったままの木の机などを置きたい」

家の中に自然そのままの素材を取り入れる。木だけではなく、紙やガラスといった、いろんなものの、「そのまま」に囲まれながら暮らす。その「何気ない風景」の中に、余計な算段もなく、ただ単純に自分も存在している。そんなことを感じていたい。

前田さんは続ける。

「時間とともに焼けたり、色褪せたり。昔の家、風が吹いたらガタガタいう窓があったりする。そんなのが好きなんです。時代の変化や、それに伴う好みの変化はたしかにあるとは思います。だから建売の家が、合板だらけであることも仕方はないと思います。でも、今の家は取り壊すとき、すべてがゴミになってしまう。それはちょっと。お気に入りの大事なドアなら、外して次の家に持って行くこともできるのに。色を変えたり、金物を変えたりすれば、ずっと使えるのに。そして時間をたくさん共有したものを、また子ども、孫が使ってゆくこともできるのに」

共有の連続・連鎖によって、日本人としての生き方が伝わり、「ああ、日本人でよかったな」という、「何気ない心の風景」が生まれてくる。

モノで溢れるということは、幸せとは関係ない。

「時間」との対話が消滅してゆくだけだ。

前田さんは素材や好みが変化したとしても、基本はやはり伝統の中にあると感じている。それと関係しているのかどうかは不明だが、あれだけ嫌いであった父のことを、今は心から尊敬しているとのことであった。

「やはり父はすごい人だったと思います。思い返せば考え方も生き方も、自分は父を参考にしてきたのだと実感していますね。仕事をやればやるほど、どんどん父を越せなくなる。すでに亡くなっているので、もう追いかけることしかできない。これは又聞きですが、父は生前、私のことを喜んでくれていたそうです。『本当は自分も大阪に出ていきたかった』と言って。

それを聞くと、やはり嬉しいですね」

「風(ふう)」に囲まれる日常――表具師・中野泰仁・智佳子

京阪本線・京橋駅の一つ隣、野江駅。そこから北に十分ほど歩いたところに中野表具店はあった。この界隈は細い道が入り組んでいて、自動車が基準となる前の時代の「街並み」が残っている。これといった喧騒もないが、ニュータウン的な「人工」の閑静さもない。雑で自然な街。中野兄妹は幼い頃からここに住んでいるという。昔はどんな街だったのかと尋ねても、ことさら何かを鮮明に覚えているわけではない。つまり、あまり何も変わっていないということなのだろう。かといって代々ここに住んでいたわけではない。定住したのは祖父の代からだ。

「祖父は興行の手配師だったんです。桂春団治さんなんかとも交流があったようですし。自分自身も落語をしていたようで、三遊亭花遊三(かゆうざ)という名前も持っていたと聞いています。また絵描きでもあったらしい。方々で言われるんですよ『これ、あんたのお爺さんに描いてもらった絵やで』って。古道具の商いもしていたらしく、そんな関係から『裏打ちが必要』『襖も必要』といった具合に、表具も手がけるようになったんです」

この豪快な祖父が、なぜこの地に住むことにしたのかははっきりしない。伴侶である祖母の地縁でもない。祖母は石川県能登の珠洲の出身である。ただ——一つだけ可能性を考えるならば、彼らが移り住んだ時代、この野江の一帯は「何をやっても食べていける地」であったことは事実だ。東洋最大と言われた軍需工場・大阪砲兵工廠が目の前にあり、そこで働く人間は正規で六万を超えていた。非正規の人間を足せば十万人にはなるだろう。彼らに家族がある。それらを「養う」には衣も食も住も、常に「供給不足」。もちろんそのなかには、興行も、絵画も含まれる。彼らの祖父が器用で豪快であったことは間違いないが、取り巻く環境も彼に多くのことを求めた。そんな「対話」があったことを思わせる。

「祖父のもたらした多くの選択肢の中から、父は表具師の仕事を継承したということになるのでしょう。もとは国鉄の職員だったのですが、高度経済成長の波に乗るかたちで、この仕事に」大変な需要があったという。とにかくひっきりなしに襖を量産しなければならなかった。最初は束で枠が届く、それに紙を貼っていたのだがそれでは間に合わない。そこで段ボールを切って枠にはめ、紙を貼ってゆくようになった。そんなものが次々と作業場から運び出される。二階で作業をしていたが、いちいち階段で持って降りていられないので、天井に穴を開けてそこから直接下ろす。それでも間に合わない。

兄妹はそんな光景を見て大きくなった。

兄・泰仁さん。三代目。

家業を継ごうなどと、これっぽっちも考えてはいなかった。学校を出ると会社員として仕事もしていた。ところが父が病に倒れた。癌であった。余命幾許もないと知らされ、戻ることにした。

父は教えられるだけのことを教えると、数カ月後にこの世を去る。

「襖の張り方は本当にたくさんあります。下から上まで。最も高級なものとなれば、今でもまだ張ることができません。短い間でしたが、父がまとめていたノートを譲り受け、それをもとに勉強しました」

時代は昭和六十年代。まだ需要はあった。職人もフル稼働。自分も「一番下」の張り方で参戦。作業が終わってもとにかく仕事。毎夜夜中の三時ごろまで机に齧り付いていた。ところが二〇〇〇年代の声を聞き始めると、仕事が激減していった。建売が減った。家を建てても和室をつくらないケースが増えた。いろいろな原因が考えられるのだが、それらを並べて言うならば、「効率化重視」の結果であった。

和室はとにかくコストがかかる。技術力も必要になる。そんな手間をかけなくとも、住み心地の良い、格好の良い家はできる。開店休業のなか、泰仁は思った。

「この機会に学び直そう」

引き継いだとはいえ、仕事で追いかけられていただけの日々。本気で継ぐのなら、きちっと学ばないと。そこで表具師組合が主宰する職業訓練学校に通うことにした。

「そこでようやく気づいたんです。表具は面白いと」

妹・智佳子さん。

家の仕事が激減する頃、彼女はグラフィック・デザインの仕事をしていた。具体的にはホームページの作成と更新の仕事をしていた。

「そのころ、ホームページ作成は数百万で取引されていました。中小企業の中には、必要だとわかっていても、ちょっと手が出しにくいところが少なくない。その隙間で仕事をしていたんですよ。少しコンピュータを勉強すれば、ある程度できるものでもあったので。そんなことをしながら実家でのらりくらりしていたんです」

祖父譲りの器用さをもつ彼女に、兄は時々アドバイスをもらうようになっていた。そんな関係が情に火をつけたのか、気がつくと彼女も家業を手伝うようになっていた。

「へぇ、こんな紙があるの！　こんな引き手があるの！」

独特の感性がいろんなものの魅力を見出してゆく。

「商品には二種類あると思うんです。一つは『ここにしかないもの』。もう一つは『量産されたもの』。これまで家業が潤っていたのは、後者の中に居場所があったからでしょう。でも量産のシステムが整理されることで、居場所がなくなった。だとしたら、やるべきことは前者しかない。うちにしかないもの。それを目指していこうと考えたんです」

そうと決めると、失敗の山を次々と積み上げながらも、とにかく前進することにした。

徹夜で襖の模様の型紙をつくる日々。

当然すべて手作業。

二人のチームワークが功を奏し、今は少しずつ「嬉しい仕事」をするようになってきた。たとえば「居間に合った襖の裏打ちをしてほしい」「江戸時代からある屏風の修繕をしてほしい」「料亭にある襖の裂けたものをやりかえてほしい」など。

二人をそこまで駆り立てた原動力。

それは間違いなく伝統の持つ魅力であった。

しかし、その世界に入り込めば入り込むほど、実際に自分たちを取り囲んでいる「日常」は、異質なものに取り囲まれていることに気づかされる。

「ある観光地に行ったとき、縮緬(ちりめん)屋と書かれていたので店に入ったのですが、どれもこれもポリエステルの中国製でした。お店の人にいわゆる絹の丹後縮緬などはないのかと尋ねると、『そういうものはない』と言われました」

と智佳子さん。

泰仁さんも

「和紙は本来、楮(こうぞ)、三椏(みつまた)、雁皮(がんぴ)が入っているもののことをそう呼ぶのですが、今は入っていないことが多い」

何が本物なのか。

縮緬という名の、中国製ポリエステルの着物しかない。

本来和紙を定義していた要素が入っていない「和紙風」のものを和紙と呼んで違和感がない。

智佳子さんは言う。

「日常の中にないものは、どんどん消えてゆく。小学生にとって襖はもはや死語。仮に日常にあったとしても、発泡スチロールだったりする。結局、安価な『〜風』のものだけが残ってゆく」

木工職人の前田さんは「本物」「自然」に囲まれ、時を刻んでゆくことに喜びを感じると言ったが、時が刻まれてゆく「日常」は、「より安く、形だけを残そう」という「人工的な目的」のもとに生まれた「擬似体」に囲まれていると中野兄妹は言う。

そんな擬似体に兄妹を魅了した伝統の力などあるはずがない。

それが日常になければ、人が振り向くはずもない。

知らないうちに消えてゆく。

襖が消えれば、紙も、引き手も、骨もすべて消えてゆく。

継承者が消えてゆくのも無理はない。

智佳子さんは続ける。

「お客さんにちゃんと伝えれば、『知ってたら、お願いしたのに!』となるケースも多いでしょう。でも問題は、その『伝える』が、成立しにくいシステムがあるということです」

どういうことか。

たとえば、家を建てたいと考える。直接話をする相手は建築設計士だ。「一室だけ和室を入れてほしい」と言えば、建築設計士は工務店に「襖の紙をいくつか持ってきて」と伝える。それを受けた工務店は、「典型的」なものを持ってくる。その安っぽくて、面白みのない限られた選択肢の中から、建築設計士は妥協点を探す。すると大抵「白い紙」に落ち着く。これが客に提示される。技師のところには何の相談もない。よほど個性的な建築設計士でない限り、直接職人に会って、自分の眼で確かめるといったことはしない。工務店も、余計な作業を増やしたくはない。結局、魅力に満ちた「本物」の表具にお客さんは出会わない。

こんな環境の中で、「本物」を求めてくるのは富裕層ということになる。

大多数を占める層は安価で、均質な「風（ふう）」とともに日常を過ごす。
この最大公約数を基準とした、広範囲な「同質性」。
その異常さ・不気味さが、「日常」となっている。
奇妙な「日常」のもと、それでも二人は伝統に魅了され続けている。

泰仁さんは「先日、襖の乱張りを頼まれたんです。乱張りは表具師泣かせ。高度な技術を要するものなんですよ。いろいろな方向に紙が貼られるので、反る方向がわかりませんし。なので仕上がりを見て『お客さんから文句を言われるかもな』と、覚悟してかかったのです。でもお客さんから、『いいわ！　嬉しい！』と言っていただけたんです」と嬉しそうに語る。

智佳子さんは「掛け軸、あの技術を勉強しているのですが、ものすごく難しい。でも、あの技術は、張り替えをきちっと続けさえすれば、平安時代の絵でも守ることができるんです。難しいのですが、とても面白いんです」と言って目を輝かす。

伝統が人を魅了する力。

経済の力など、その足元にも及ばない。

「でも、日本画もずいぶん変化してるみたいですね。最近のはなんていうのか、ちょっと油絵みたい。なんであんなことになるんやろ。ようわかりませんけど」

最後に智佳子さんはそう言って笑った。

消滅してゆく「時間」——畳製作技能士・大江俊幸

「畳屋はお客さんに恥をかかせないように考える。そんな仕事です」

堺市に工房を持つ大江俊幸さん。

工房に入って最初に目に入るのは、畳をアレンジした作品群。

「若い人、特に女性の感性やイマジネーションに訴えようと思って、こんなのを百貨店など

で置かさせてもらっているんです」

バームクーヘンやアイスバー、だし巻き。イヤリングなどもある。香りや変色してゆく面白さなども楽しんでもらえれば、ということらしい。

「こちらとしては畳の部屋を増やしていきたいのだけれど、実際はどんどん減っている。父親の頃と比較しても、三分の一か四分の一くらいになっているし、まだまだ減ってゆくと思うんです。そんな状況の中で目指すべきことは、今二十代の人が、自分の家をつくるときに『せめて一室くらい和室にしたい』と思ってもらえるようにすること。時代が変化しても、まだ女性が家に居る時間は男より長いだろうし、子どもを育てる上でのイメージも描いてくれやすい。

子どもをどんな空間で育て、子どもとどんな空間で一緒に過ごすか……そのときに和室の魅力をイメージしてもらう上で、違ったアプローチをしているんです」

前職はテキスタイル系の会社に勤めていた。具体的には足袋。伝統的な足袋に、新しいデザインを施して現代に生かす。そんな仕事であった。一生懸命仕事をしているうちに、「こんなにがんばれるなら、下火になっている実家の畳屋も復活させられるのではないか」、そんな野心が頭をもたげた。

父の開いた畳屋。高度経済成長の中で、需要に応えるべく開業した店である。幼い頃は寝る間も惜しんで働く父の姿を見つつ――埃だらけ、藁だらけになりながらも、あんまり儲かる仕事ではない。自分はしたくないと思い続けていた。それが、外に出て別の仕事をしてゆくなかで気持ちが変わるのだから、縁というのは面白い。

まずは二年ほど、父親から畳の商売の仕組みを学ぶ。学ぶうちに父の持つ技術力が相当に高いことに気がつく。でも店としての歴史が浅いから、老舗の下請けばかりをしているということも知る。

さらに学んでゆくと、もっと面白いことがわかってきた。

「この業界、建築設計士も、工務店も皆、畳のこと、なんにも知らんのです。若い子は知らん、お客さんは知らん……ではなく、皆、知らんのです。で、職人はなんにも言わんのです。だから完成したものを見てもらっても、結局誰もわからんのです。ここを『見える化』せんといかん。これが最初の仕事やと思いました」

カタログをつくったり、ホームページを開いたり。当時この業界でホームページを持つというのはかなり珍しかった。けっこう問い合わせがあった。

「積極的に異業種交流もしました。畳は畳だけで成立するものではなく、空間の中で生きるものなので、自分たちも畳というモノを売っているのではなく、そこから生じるストーリーを提案し、お客さんにイメージしてもらい、それを共有してゆく。そんな仕事なんだなと考え始めていたので」

先述のオブジェにもそれぞれイメージしてもらいたい特徴がある。

アイスバーはイグサの香りをわかってもらう。

だし巻きは、使用していくうちに色が変わる。その品の良さを感じてもらう。

「内田さんの『器』も、外から見るのと中に入るのでは全然感じが違うんです。あそこにはいい職人の、本物の仕事が集まっているから、中にいると『質の良さ』を自然と感じられるんですよ。畳の仕事は、この感じる良し悪しの中で評価されるものなので、価格ではないんですよね。そういったところにこだわりを持つお客さんとなると、かなり上質な人になる。一般の人には、こだわってもらえない。だけど、ちゃんと説明して興味を持ってもらえれば、感じてもらえるようになるんです。ここ大事なところやと思うんです」

畳の質とは。

できたばかりの畳はどれも同じように見える。
香りもいい。色もいい。そこは安いものも高いものも同じ。
ここに「時間」が介在することで、真価が見えてくる。
イグサがすぐに切れて、ズボンにつくかつかないか。
色の変わり方が綺麗か、汚いか。
その違いによって、先が変わる。
「よかった」と思えれば、何度でも張り替えをして使う。
「こんなん、いやや」と思えば、いずれフローリングにしてしまう。
ともに過ごした時間が、どう刻印されるのか。
それが畳のモノとしての質。

ただ大江さんは言った。

「モノとしての畳ではなく、ストーリーを共有する」と。

客がどのような種類の「時間」を、自宅に求めているのか。それを慮って初めてストーリーとなる。

具体的には——

たとえば、そこが豪邸で、茶会や食事会などもする和室を持っていて、訪問者は皆、綺麗な着物を着てくるような家の場合、最高級の畳を用意することになる。逆に、マンションの一室で、日頃は寝起きするだけの空間。たまにお客が来るとしても、気の置けない友人たち。大半はジーパンなどカジュアルな格好。そんな空間に「最高級」を敷いてもそぐわない。いずれも生活に適した質というのがある。それを間違えると、結局客に恥をかかせてしまう。

「畳屋は、お客さんに恥をかかせないよう、ちゃんとしてあげないとだめなんです」

この「ちゃんとする」というのは、文字にすれば、それこそ書き切れないほどの可能性、スタイルがあり、それらを徹底的にイメージして、何も言わないでも、ピッタリのものを提供するという努力のこと。こういったことを職人は言わない。当たり前のことであり、言えば品位を損なうからだ。しかし大江さんは「それも説明してあげるべき時代なのだ」と言う。

「なぜなら今の若い人にしてみれば、そもそもすべてが使い捨てなので、畳も同じだと思っています。ネットやホームセンターに行って、その都度買えばいいと。干すとか、張り替えるとか、良し悪しだとか、それ以前のところでずれているんです。それを職人が説明しないで

『わかれ』というのは、無茶だと思う」

若い客がそういったことを知って、畳屋さんの仕事に対する理解を深める先に、根本的な変化というのはあるのだろうか。たとえばライフスタイルや、価値観といったものが変化するのだろうか。

あえて尋ねてみた。

「ライフスタイルの変化は、建築設計士が『畳、ええやん』と思ってくれるかどうかにかかっていると思います。だから僕は彼らに重点的に語りかけているんです。でもね、ライフスタイルや価値観の変化といった大きな問題を横に置いて、もっとシンプルに畳屋が生きてゆく方法を考える方が先かな。それは地域での知名度を上げることです。これは真実です。ですので、遠方から僕のところに来てくれるお客さんにいつも言うんです。『来てくれはるのは嬉しいけど、あなたの地域にも必ず畳屋さんがあるので、そこにぜひ行ってください』と。そうやって同業者を守り合えば、地域は活性化してゆきます。それもある種の価値観からの離脱とも言えるのかなと」

大量生産の中で暮らせば、人も枯れる――ステンドグラス作家・和田友良

「ああ、なんて素敵なんやろ」

二十七歳の時、ステンドグラスに出会って、そう思ったと和田友良さん。

出会いは一冊の雑誌。インテリアの雑誌で、ヨーロッパの窓を特集していた。

実家の家業はガラス屋。

家で見ているのはただ雨風を避けるためだけの、透明なものばかり。

それを見慣れていただけに衝撃は大きかった。

その後新聞広告でステンドグラス教室の記事を見つけると、すぐに入会をした。

家業のガラス屋は、代々の仕事というわけではなかった。祖父の代までは呉服屋をしていた。それがうまくいかなくなったとき、父は義理の兄がやっていたガラス屋に転身。憧れがあったわけではない。単に食べてゆく手段としてのことであった。

和田さんは同志社大学を卒業すると、友人が皆一流企業に就職するなかで、自分ひとり家業

を手伝うことに。

「街のガラス屋なんて、注文を受けて、切って納品するだけ。クリエイティブなところは何もない。だから『これは一生仕事ではないな』と思っていた」

ステンドグラス教室に行って、初めてものをつくる楽しさを覚え、そしてその美の世界の魅力に引き込まれていった。引き込まれてゆくと、不思議なことに、ステンドグラスに出会う前の記憶の中に、憧れへの断片が散らばっていることに気づくようになった。

「小学生の時、豊中市の庄内の公民館に行ったことがあるんです。西洋の要素の入った木造建築でした。一緒に行った人間は、汚い、臭い場所という印象しか持っていないのですが、私には目に映るものすべてが美しく、一瞬で好きになった。高校の保健室にもステンドグラスがあったことを明確に覚えています。そして高校の遠足で同志社の煉瓦造りの校舎を見て、『この大学に行く』と決めてしまった……そんな点のような記憶が結びついていったんです。まあ、自分探しの旅の中で答えを見つけた瞬間というのは、そんなふうになるのかもしれませんが」

ステンドグラス作家になる。

そう決心するのに大して時間は必要ではなかった。

「そんなの、食べていけない」と多くの人が反対をしたが、妻が背中を押す。

「やりたいことと出会ったんならやるべき。食べることくらいやったら、なんとでもなるから、死ぬときに後悔しないようにして」

そう言ってくれた。

父も反対しなかった。

「やりたいことあるんやったら、やれ！」

最初は父親の家業を手伝いながらであったが、三十五歳ごろにはステンドグラス一本に。時代は一九八〇年代。日本でもステンドグラスがブームになりつつあった。教室をやり、建築のオファーを受け、そして個展を開く。食べていけると実感した。

そのうちに日本一大きな工房を目指したいという野心も芽生える。最大六十七坪まで広がった。しかし波に乗れば乗るほど、自分の思いと業界の感覚のズレ、さらには現代人の抱える問題の本質も見えてくる。

建築にガラスが本格的に登場するのは、日本では明治中期、国会議事堂建設の時。歴史も浅いので、自分自身つくり始めた頃は、「どこかで見たもの」を再現しようとする。でもだんだん「日本的なステンドグラスをつくりたい」という思いが芽生えてくる。自分がいいなと思うもの。学びや体験からではなく、自然と「いいな」と思うもの。そんなオリジナルなものをつくってみたい。

調べてみると、大正元年に国内ステンドグラス作家の草分け・小川三治（さんち）（1867-1928）が同様のことを記していた。

「こんな昔に、自分と同じことを考えている人がいたんだ！」

共感というのか、安心というのか。

気持ちの上での後ろ盾を得ると、「自分が美しいと思うものだけをつくりたい」というものづくりの身勝手さが心を占める。

その一方業界では「コピー」が大流行りだった。

特にティファニーのコピー。本当に多くの人が、これを手がけていた。

ティファニーというのは、ニューヨークの宝石店「Tiffany & Co.」の創始者チャールズ・ルイス・ティファニーの長男・ルイス・カムフォート・ティファニーというガラス工芸家のことで、十九世紀末から二十世紀初期に活躍した人物。アンティークブームの中で、そのコピーをつくって販売する。それが業界の波だった。結果、ほとんどが廃業していった。

和田さんはティファニーの別の部分に興味を持っていた。

ティファニーは自らガラスを焼いていた。

そのガラスはとても質が良かった。

一九七〇年代に、そのガラスづくりのレシピを手に入れたウロボロス社はガラスづくりを始める。それを見つけては購入する。

素材としての魅力的な色ガラスを使って、自分の「美しい」を生み出してゆく。

「あのガラスはとても良いんです。でも今はそれが生み出せない。なぜなら、まず手仕事の後継者がいない。そして経営的にも合理性を欠く。そして、これは冤罪だったのですが、二〇一〇年代、ガラス工場の排煙や廃液が公害問題を引き起こしているとも言われてしまった。結局、今できるガラスは機械的に大量生産されたものばかり。芸術性とは無関係な、味のないものしかない」

大量生産の中で生まれたガラスに出会っていたのなら、はたして自分はあんなにもステンドグラスに憧れただろうか。ステンドグラスとの出会い以前に、断片的に蓄積された感動が、鮮明に心に蘇ってきただろうか。いや、そもそも、自分に感動を与えたものはなんだろうか。手仕事とは、人とモノとの関係性から育まれたもの。芸術というのは、特別なものではなく、人とモノとの対話ではないのか。その対話が見るものに語りかける。そういったものに囲まれているからこそ、人はイマジネーションを働かせることができる。対話のない、大量生産から生み出されたものに囲まれて暮らせば、人のイマジネーションは枯れてしまう。

そんな危機感を強く感じるようになると、大きな工房に対しても愛着が薄れてきた。ガラスと道具だけを持って、小さな小屋に移ることにした。そこで「和田はこれ。他にない」。そんな作品を生み出し続けている。

実際に我々を取り巻く世界の一面について、和田さんは語った。人間の判断力というのが軽視されているのか、法律が重視されすぎているのか。建築の現場でこんなことが起きているらしい。

「建築現場で『窓ガラスは触らないでください』と言われる。法律の定める気密性に問題が生じるかもしれないからだと。彼らは不勉強なんです。そんなことで気密性に問題は生じない。いや、本音は別のところにある。面倒なんですよ。彼らは家をさっさとつくって引き渡す。効率の良さを第一に考えるから。

手仕事のステンドグラス、その芸術性——ともに暮らそうと思えば、工務店にどう言われようとも、『それでも入れてくれ！』と言える覚悟を持たなければいけなくなるんです」

＊＊＊

なぜ「器」にステンドグラスが入っていたのか。
それがわかったような気がする。
同時に彼の言うオリジナル。それが気になった。
窓の外。そこはステンドグラスを生んだ欧州では、自己の外。
内外の隔たりのない日本の場合、ステンドグラスも「中間の場」となる。
その美しさは、枯山水や借景といった日本の庭園の美とも繋がる、独特のものとなる。

イマジネーションがくすぐられた。

和室という問題意識

職人の背景。
そのリアルも部分部分が切り取られ、技に混じり合い、幻想に混じり合い、人間の営みという巨大な「統合されたすべて」の姿を感じさせる。話を聞けば聞くほど、彼ら自身と生み出すものとの間に、隔たりがなくなってゆく。「和室」にはそんな魅力があるのかもしれない。

だが、京都大学名誉教授の髙田光雄氏はこう言う。

「『器』は和室という問題意識をどの程度持っているのか。あまりそれを単純化してはいけないと思う」

「和室という問題意識」というのは、具体的には「和室とは何か。建物だけのことなのか。それとも総合体としての文化の一つの表情ではないのか。だったら守るべきものとは何なのか」といった考察のことだと私は理解している。

髙田氏は言う。

「和室の一つの特徴は縁側。縁側は外＝パブリックと内＝プライベートの中間領域です。こういった隣との隔たりの曖昧さは、和室の大切な特徴であるのですが、『器』には隣がないんです」

また髙田氏は日本人の生活様式にある、「動き」についても指摘された。

日本人は頻繁に部屋のしつらえを変えていた。

たとえば夏になれば襖を外して、部屋の隔たりをなくし、冬が来れば襖を入れる。

床の間などに飾る掛け軸も、季節ごとに変える。

そんな「動き」がある。

一方で、当然家屋なので、「決して動かすことのない」ものもある。

「動くもの」と「動かさないもの」。

その関係をうまく機能させるマネジメント能力。

それが「和室」そのものなのではないかと。


書院造では畳は均等に敷き詰められている。

もともと畳の上に座れる人と、床の上に直接座る人は位が違っていた。それがすべてに敷き詰められているということは、とても平等な空間であるということだ。さらに天井の高さも均等。これも平等である。

だからといって、誰がどの場所に座ってもいいというものでもない。

この空間ではどこに誰を座らせ、どう平等に扱い、どう上下を演出するかを臨機応変に変えることができる。


使い方も臨機応変だ。

客人を迎える「ハレ」の場として使うこともあれば、プライベートな「ケ」の場として、ゴロリと横になることもできる。

この「動き」を儀式と作業に分けると、和室は儀式的な場。対する作業は土間となるだろう。

この感覚は庭にも続いてゆく。

見るための庭と、使うための庭。

ここにも静と動のバランスを保たせるマネジメント力が生きている。


大まかに言えば「寝殿造」は公家の時代、「書院造」は武家の時代に生まれた。どちらも揺るぎ難いヒエラルキーの世界である。しかし公家には公家の、武家には武家のフラットなネットワークがあった。この両者をマネジメントすること。それも「家」に求められた重要な役割であった。

このマネジメントを機能させ、静と動の関係をうまく回す。

これが「和室」の真髄だ。


静と動のバランスを「自然」に体得している公家とは異なり、武家は明らかに「動」に偏っていた。だから「じっとする」ことも、かなり努力が必要になる。「寝殿造」の「じっとする」が、自然な睡眠の場であるのに対し、武家の場合は「書院」という書斎、つまりは「人工的な目的意識」を伴う勉強・修練の場となったことも、なんとなく頷ける。

「動」の多い武家社会に、自ら、動きにくい空間＝「静」を私的な「家」というスペースに積極的につくる。

それが今の「和室」の流れであるのだとすれば、この文脈の中で捉えなければ、決してその意味は見えてこない。

それらの問題意識を明確にしないまま、「器」のように「部分」を「単位」として取り出し、ドイツの職人との交流を始めていることに、髙田氏は疑問を持っている。

単純化してはいけないというのは、このことである。

日本人ですら、混乱しているのだ。

終戦後、それまでの和風建築の封建的要素を否定し、住まいも民主化するべきだという議論が流行った。過激な論者は白川郷の合掌造りまで潰してしまえばいいと言っていた。しかし「和室」をさまざまなバランスの中で捉えるならば、具体物としての家屋だけを取り上げて議論しても意味がないことは明らかである。

ただ、現代の「和室」の持つ危機は、この戦後の議論の上にあるわけではない。戦後の議論はきちっと解決されることなく、消滅してしまった。なぜなら議論を続けるうちに、実際の居住水準が上がってしまったからだ。人々は感じた。

「ごちゃごちゃ議論しなくても、適当にやってたらええやん」

そして生活様式の意味を考えることなく、秩序を壊し、バランスなどを度外視したごちゃ混ぜの状態を生み出してしまった。

高田氏にとって、今必要な「和室論」は、このカオスな状態を整理するための論である。そのためにも完全に戦前のものを消滅させるべきではないのだが……。取り壊され続けている。

唯一の救いとなるのは、靴のまま床の間に上がる様子を見て違和感を覚えるといった、DNAレベルに記憶された感覚が、現代人の心の中に微かに残っているということだけだ。

「器」を見たとき、「和室」と感じた私の感覚。

あれも微かに残っているDNAレベルの記憶なのだろうか……。

「和室」を見る目

和室の源流・書院造は室町時代に生まれた。

その時代、人々は「和室」をどのような目で見つめていたのだろうか。

美、幻想を楽しんでいたことは間違いないだろうが、それを見つめる目は、現代とはベクトルがまったく違っていたのではないだろうか。

網野善彦氏の『日本中世に何が起きたか』に次のような文がある。

「なぜ南北朝の動乱以後、遊女や非人の地位が決定的に低落したか、なぜ賤視されるようになったか。それはこの動乱を境に天皇、神仏の権威が決定的に低落したことと表裏をなしていると考えられます。こうした神仏の権威の低落は、もちろん広く深い社会的な変動の中から起こってきたことで、十三世紀の後半以後、金属貨幣が社会に深く浸透・流通しはじめるとか、読み書き、計算の能力が庶民にひろがるとか、さまざまな社会的な発展を背景にしているのですが、ともあれ、南北朝の動乱は、琉球及び北海道を除く日本列島の主要部を統合していた権威、その権威の構造・性格そのものが大きく変動した時期だと考えることができます」

大まかに言えば……

武家の担う「動」が活発化したのに対し、公家の担ってきた「静」の権威が崩れ、両者のバランスが失われてしまった。新たに政権の主体となった武家は、自己の中に「静と動」の両方のバランスを生み出さねばならなくなった。手始めに武家は「静」のために教養を高める必要があった。その象徴的な場所が書院であった。そんなふうに考えるのも面白い。

その後も武家政権においてバランスは度々崩れてゆく。崩れるとまたバランスを整えようとする。そのたびに新たな「静」の文化が芽生えてゆく。それが能であったり、茶道であったり、水墨画であったり、あるいは剣の道に「精神性」を求めたり、「切腹」を洗練させたり、辞世の歌を詠ませたり……。およそ日本人が「伝統」と呼ぶ多くのものは、江戸時代に生まれたものなのだが、それらが生まれてくる背景に、バランスを保つための、武家の涙ぐましい努力があったのだとしたら、とても身近で、人間的な彼らの息吹を感じるような気がする。

室町時代がその根元的な時期であったというのならば、その時代の一般的な人間は人生に何を感じて生きていたのだろう。少なくとも我々のように、「努力すれば人生はどんどん良くなる」だとか「成長を意識する」だとか、そんな産業革命以後の、無駄を省いて成長させることに焦点を絞った「ゲティングベター」的な感覚は持っていなかったはずだ。

たとえば能、特に夢幻能に登場するワキ。

全部の作品を読んだわけではないので、異論もあるかもしれないが、ワキは「旅をする僧侶」が多い。この僧侶たちは旅を修行として捉え、「この修行を完遂すれば、もっと人生が開ける」と考えているのではない。また「旅の経験が自分の人生を豊かにする」と思っているのでもない。決してワクワクしていない。どちらかというと、元気がなくて、諦めていて、場合によっては自分のことを「罪深き人間」と感じているようにも思える。とにかく、何か目的があって、それに向かって真っ直ぐに進んでいるのではなく、目的を失って、居場所がなく、ふわふわと放浪・漂泊しているといった感じである。

ワキは、「じっと見ている人」。

近代的な舞台には、まず登場しない存在である。舞台・物語進行の合理性から言っても、無駄であったり、観客に違和感を与えたりするため、特殊な効果を求める場合以外には、まず登場させない。

登場させた例を挙げると、ピーター・グリーナウェイが監督した一九八二年のイギリス映画『英国式庭園殺人事件』の中に登場する得体の知れない黒い人。その登場によって物語全体に、特殊な緊張感を与える。

あるいは日本のコメディアンも「テレビショッピングの中で、話の展開とは関係のない人間がぼうっと立っている」映像を流し「誰やねん！」と揶揄することで、笑いを誘う。「滑稽な存在」として登場させる。

そんな特殊効果用のキャラクター＝「じっと見ている人」が、能では毎度登場し、まるで観客の視点を代表しているかのように、舞台の端に座っている。つまり能は、観客に「ワキの視点でこの光景を見ることもできる」という、「モデル」を与えていると言ってもいい。

そのワキが、あまり生命力を感じさせない放浪者なのである。

これがこの時代を代表する「モデル」。

それまで「これがスタンダードだ」と信じていた価値観が崩れ、現在にも将来にも能動的な目的を見失って漂泊する人々。

その放浪者が旅先で出会うのが、異界のもの。


放浪は「動」。

しかし放浪者の内面は澱んだ「静」けさをまとっている。


一方、旅先で出会う異界のものは、一般人には目に入らぬ「静」的存在。

しかしその内面には、抑えきれない情念が渦巻いている。その情念が舞う。すなわち「動」。


このバランスの中で、最後には情念が解消され成仏してゆく。

それを見届けるワキの中で、幾重にも展開していった静と動が、一つとなってゆく。


また「旅」についても再考する必要がある。当時の「旅」はもちろんレジャーではない。安田登氏の著書『異界を旅する能』に「昔、日本では贖罪の方法として大きく分けて二つのものがあった。ひとつは『はらい（払い）』系の方法で、もうひとつは『こもり（籠り）』系の方法だ」という記述がある。現代では懲役刑など「こもり」が罰の主体であるが、昔は「所払い」など遠方に旅をさせる罰もあった。

室町時代の南北朝動乱では、天皇が「島流し」なったり、南朝吉野へと向かうのも、いくぶんは「はらい」であったことだろう。いずれにせよ、この時代の人間であれば「旅人」と聞けば、「何か悪いことをして、罪をはらい清めている」と感じたのかもしれない。

世を諦め、罪人として歩く。

それを観衆の「代表的な視点」として描く能。

これが室町時代に生まれ、ステージとして「共有」される世界であったのだとすれば、「和室」の与える幻想にも似たものがあっても不思議はない。たとえば、旅先で出会う「異界のもの」「亡霊」の内面を、同時代の社会全体から切り取った縮減模型である和室の中に見出し、その幻想をただじっと見るといった感じに。床の間で時を過ごすことで、「清め」られる。そしてまっさらな自分になる。血の汚れの多い武家が生み出した「書院造」には、そんな意図もあったのかもしれない。だから「水に流す」ためにも、庭＝外界との境界が曖昧でなくてはならなかったのではないのか。

流せなければ水が澱む。

澱めば罪も情念もその場に滞留し、体からも抜けず、憂鬱になったり、自死を選んだりしてゆく。

まるで現代人のように。

「器」を見て「和室」と感じさせた「何か」とは、「水に流す」ことのできる「清め」の願望であったのかもしれない。

権威が失墜し、ヒエラルキー＝縦社会とネットワーク＝横社会のバランスが壊れているのは、室町時代も現代も同じだ。特に現代は、高度なツールによってネットワークの力が急速に大きくなっている。このバランスを欠いた時代に、「あって当たり前」のことを、「あってはならない」に置き換え、自ら自由を失わせている。

地震があって当たり前。

洪水があって当たり前。

火事があって当たり前。

そういうことで人がある程度死んでしまうのも当たり前。

それらを「あってはならない」とすることで、人間の絶対優位を基本信条とし、森羅万象との対等な関係性を一方的に打ち砕いている。そしてそれに飽きると人間同士に対し「あってはならない」を厳格にし、「水に流せること」も滞留させてしまう。

そんな自分たちの日常は、西洋型の密閉された「壁」で囲まれている。

外界から遮断する「壁」。

そこには、人間から外界への呼びかけのような「美しい」ステンドグラスひとつ、法を盾にして、窓に自由に入れることができない。

罪を犯しても「隔離」され、「こもる」罰しか与えない。「旅に出る禊ぎ」など想像すらできない。そんな日常の中で、旅の禊ぎは感覚だけが浮遊しているのかもしれない。


「器」を見て感じた「和室」。

それは私の心の浮遊が、旅先で出会った亡霊そのものではなかったか。

和室という感覚。その亡霊は今、成仏を求めている。

そんな気がする。

復讐

「壁」に囲まれた家の外に出る。

高いビルに登る。

そして街を見下ろす。

なんて面白味のない街なんだろう。

別にそれが大阪であろうと、京都であろうと、奈良であろうと。日本中どの街を見ても、まったく面白くない。どこを見ても雑然としていて、和室の与える幻想などというものは、どこにもない。一生懸命デザインを考えたであろうビルも、いったん街に入ればゴミの一つになってしまう。ビルも、マンションも、寺院も、近代建築も、公園も、学校の校舎も、全部「不機嫌」にこちらを見ている。そんな気がしてならない。

みんな怒っているんだろう。

あの「器」も。

内田さんは言った。「職人のレベルの高さを、みんな知らない」と。

前田さんは言った。「今の家は取り壊すとき、すべてがゴミになってしまう」と。

中野兄妹は言った。「何が本物かわからない」と。

大江さんは言った。「建築のプロもお客さんも、畳のことはまったく知らない」と。

和田さんは言った。「コピーが大流行りだった」と。

そして高田氏は言った。「和室という問題意識をスルーしてはいけない」と。

フランスの詩人・アントナン・アルトーはこんな言葉を残している。

「ペストにも演劇にも、（略）復讐する何かがある」

「ペストと同様に、演劇は膿瘍の膿を出すためにできている」


夢幻能のように、放浪する私の心と、「器」の幻想が出会った。

「器」の中には、今にも吹きこぼれそうな情念があった。

それは怨嗟の声でもあった。

職人たちの感じる矛盾。

職人の環境をなんとかしたいという内田さんの思い。

そしてそれを冷静に眺める髙田氏の懸念。

それらがともに声を上げていた。

「今のままではダメだ」と。


しかし、彼らは誰一人として、「旅人」のように諦めてはいない。

諦めず、ずっと舞い続けている。

その思いを救えるもの。

それは死か、治癒か。そのいずれか。

可能にするのはペストと演劇――。


その幻想に出会った私は、僧侶ではなく作家である。

成仏のために、つまり完全な死のために、祈る経は持ち合わせていない。

そのかわりに筆を持っている。


だから戯曲を書くことにした。

特定のしつらえとともに能が「能」であるように。

人形浄瑠璃が「文楽」であるように。

この鎮魂の戯曲を「器」と名づけ、私は私なりの方法で、「復讐」をしてみることにした。


それが出会った幻想への答えとなるのだろうから。

第二部　どのような戯曲にするのか

「能楽図絵」「杜若」立命館大学アート・リサーチセンター所蔵（arcUP1014）

万物との複雑な関係

さて、どんな戯曲を書くべきなのか。

演劇には復讐する何かがあると言ったアルトーは、こうも言っている。

「単純さと秩序が支配するところには、演劇もドラマもあり得ない」

思えば近代から現代にかけて培われてきた世界観というものは「単純さの追求」、その果てにでき上がったものであると言える。現象するもの、見えるもの、それをすべてと考える世界観。いわば生きている者だけの世界観。生きる人間のためだけの哲学。そんなものが積み重なってできた認識が、我々を取り巻いている。そんな時代に生きる人々に、その認識の外に多様な世界もあり得るのではないか、などと言えば宗教的狂信者のように捉えられるだろう。

しかし、「単純」な時代に生きる我々であっても、程度の差こそあれ、ひとたび和室に足を踏み入れると、心なしか声をひそめ、神妙な態度を取るようになる。何がしかのアジールに足を踏み入れたような気分になるのだ。おそらく「和室」には「複雑な関係」が存在していて、自然とそれを我々も感じ取っているのだろう。

「万物との関係の複雑さ」は能の舞台にもある。

たとえば、舞台奥に大きく描かれている老松。松の旧字は木偏に「八」と「白」と書く。吉野裕子氏の著書『陰陽五行と日本の文化』によれは、これはすなわち八白の木を表していると し、次のように述べている。

「文字について先人たちは今日の我々とは比較にならないほどの感覚をもっていたので、彼らは『松』字に潜む『八白』を敏感に感じ取って、これを呪術の面に盛んに使用した」

さらに同書に田中胎東の『九気密意』を要約したものとして、次のように八白の星の法則を説明している。

「北の正当より十五度東、東の正当より十五度北の天地の間六十度を『八白』とし、易においては『艮（うしとら）』とす」

「八白土気は、日に執っては丑刻と寅刻（昨日と今日）年に執っては丑月と寅月（旧十二月と旧正月）とす」

「八白土気は天地の陰気の終と、陽気の始とを兼ね、森羅万象の始終をなす」

ここから吉野氏は「この世のすべては有限で『終り』があるが、その有限を夢幻に転ずるのは、その『終り』を『始め』につなぐ処にある」とし、この「場」が永遠性を保証するものであって、当時の人間がもっとも重視したものであると説いている。「終始」の繋ぎ目を舞台にして展開する物語――言い換えれば、夢幻能は、「顕（けん）」と「冥（みょう）」の交差する「場」であるとも言える。

顕とは感覚的に感知できる世界。
冥とは感覚では捉えられない領域。

大まかに言えば、顕＝生者であるワキが、冥＝この世のものではない存在であるシテに出会うという設定だ。現象するものがすべてだと考える世界観に生きる現代人にしてみれば、幽霊話と簡単に片付けてしまうのかもしれないが、顕と冥が触れ合うなかで、徐々に顕であるはずのワキは、自身の内面に冥を見出してゆく。

前章で触れたようにワキには、「祓う」べく徘徊しなければならない、言うに言われぬ背景がある。その旅は清めであり、同時に「自問自答の連続」である。より深く自省し、深めながらそのうちに「わかっているはず（顕であるはず）」の自分自身の中にも、まったく理解できない領域（冥）が存在しているということに気づく。そして顕と冥が混在していることをさらに深めてゆくと、当然それらが己という「同根」から生じたものであることに気づかされる。己の中の顕と冥。その分岐の背景には、己にとっての好都合と不都合がある。両方の都合を受け入れるために、僧侶として両方の手を合わせてゆく。いずれ心は落ち着き、人として成長してゆく。

現代人は顕のみを見つめるがゆえに、冥を軽視する傾向があるように思う。

つまり不都合に蓋をする癖がある。

そのせいだろうか、現実世界においても、SNSなどにおいても、ことさら声を大にして、さまざまなことを「叫ぶ」。環境問題について、感情的に叫ぶ北欧の少女を救世主か何かのように祭り上げたこともあったほどだ。

だが、そんなことは叫ばなくてもいい。

己の中での省察から、万物との関係をイメージし、すべてが同根であることを悟ればいいのではないのか。少なくとも悟りの先に叫びはない。叫んでしまうのは、その背景に自分にとっての不都合があって、それを受け入れたくないという情念があるからではないのか。

心が熟さないままに叫ぶのは、自分を取り巻く万物との関係性が、単純化しすぎているからに他ならない。たしかにアニメなどでは、転生やパラレルワールドなど外側に別の世界があることを表現しているものも少なくない。実社会でもメタバースなどの「仮想現実世界」は、そのイメージの喚起を促すものなのかもしれない。しかし万物との関係性が単純なままでは、アニメもメタバースも顕の領域を広げているにすぎない。どれほど領域が広がろうとも、顕のみで考えるならば、叫びは止まらない。

皮肉なことに現代人の顕への信仰の礎となる科学の世界。その最先端領域の一つである量子学において、「冥」の領域に言及する人間も出てきている。NASAが開発した人間の健康状態をチェックするソフトの「診断」には、オーラの色、前世の記憶と場所、前世の性別、現世における使命などについて言及するものもある。

量子物理学では「ゼロ・ポイント・フィールド仮説」というものが論じられている。この仮説とは「この宇宙に普遍的に存在する『量子真空』の中に『ゼロ・ポイント・フィールド』と呼ばれる場があり、この場に、この宇宙のすべての出来事のすべての情報が『記録』されている」というもの。さらに「ゼロ・ポイント・フィールド」での時間の概念は、人間の認識を超え、現在、過去、未来が同時進行しているのだという。想像がつくだろうか。大半の現代人にはそれがどういう状況なのか見当もつかないに違いない。

だが——もし、時間と自己、そして取り巻く万物がすべて同根として捉えることができれば、なるほどと納得できるものが見えてくる。現在、過去、未来という区分も便宜上のものであり、それらは本来同じものから派生したのであるとするなら、それらが同時に存在していてもまったく不思議はない。男と女、動物と植物、生と死、有情と非情、顕と冥……あらゆる区分が根幹で一つになり、それぞれを内包する形で派生していったものが森羅万象であるのだとすれば。

「伊勢物語」がベースになっている能の台本がけっこうある。一度でも「伊勢物語」を読んだことのある人間であれば、そこに展開する時間が、我々の感じている時間とは異質であることを感じるに違いない。

「女と一夜を過ごした。帰ってみればいよいよ恋しくなった」「奈良の春日の里で、美しい姉妹をたまたま垣間見て（かいま）しまい、恋に陥る」など、在原業平は実に多くの恋をする。現代的に考えれば、まあ、そんなこともあるのかという程度の話に思えるかもしれないが、どうも物語に込められた「気配」には、もっと深刻な重みを感じさせられる。恋多き人間という、彼自身の資質以上に、もっと違うものの力を感じさせられるのだ。それは「時」。

たとえばこんな歌がある。

いとどしく過ぎゆくかたの恋しきに
うらやましくもかへる浪かな

都にいづらくなった男が、東下りの中で、伊勢と尾張の境の海辺で浪を見ながら歌う。「過ぎた日々」＝「時」を恋しいと嘆き、寄せては帰ってゆく浪を羨ましいと言う。

時も森羅万象のうち。それも人と同根であるのならば、目の前を過ぎる一瞬の時も、無根拠に横たわる事象ではなく、自分の過去・未来と深く繋がった、自分の存在そのものの「一瞬」

ということになる。その瞬間に見初めた相手。その相手にも違った過去・未来がありながら、結ばれる縁があった。この奇跡的な触れ合いに、全身全霊で応えようとする男の物語。それが「伊勢物語」であるのならば、物語の中の「一瞬」は人生や生命そのものであり、単に時計の上で刻まれるだけの現代人にとっての「一瞬」とは、質も重みを大いに異なることになる。

「伊勢物語」をベースにした謡曲の中でも、特に私が興味を感じるのは『杜若』という作品である。在原業平が「かきつばた」の五文字を句の上に置いて詠んだ歌。それをずっと胸に抱きしめている杜若の精と、旅の僧侶との出会いの物語である。もし、時間を万物から切り離し、現在、過去、未来と区別するのであれば、これも荒唐無稽な話となろう。しかし、『杜若』では次のように時が巧妙に、複雑に絡み合ってゆく。

在原業平の生命そのものとも言える「一瞬」。

その重みを歌によって結ばれた杜若は、ずっと抱き続ける。

舞台上の「時」にとって、結ばれた瞬間は「過去」であり、その瞬間から見れば舞台は「未来」であり、それが紛れもなく「現在」である。それらが同時に進行している。

そしてそれを進行させているのは杜若。人間とはまったく違う時間、少なくとも人間には「顕」ではない時間に生きる植物なのである。

過去を語る植物の霊と、過去を引きずる僧。

両者の出会いは一瞬の中にあり、その出会いによって僧は未来を見、霊は「成仏」によっていったん消滅する。

僧が東に立つのは「過去」の象徴。

西から霊が出てくるのは「未来」。

そして霊はさらにその先にある未来＝死／成仏へと向かって西に消え、そして北＝老松の「変化宮」を潜り抜け、再び生へと転生する。

なぜなら植物にとっての死と生の関係は、春になって芽吹き、夏に繁茂し、秋に実り、冬に枯れる、この繰り返しの中にあるのだから。それは僧にとっても、見ている観客にとっても同様に巡る。「顕」では感知できぬ時を生きる人と植物でも、「冥」を感じ取ることで、同根であることを知らされる。

『杜若』はそんな「複雑な関係」の魅力に満ちている。

装置としての和室

でも、なぜわざわざ植物に語らせる台本を書いたのだろうか。

そこには中世独特の事情があったものと思われる。それは木々の伐採だ。中世ではすでに、森の木々はかなり減少していた。それまで大きな寺院は、いざ建て直すというときのために、巨木を保有しておく必要があった。そのために山を領有していた。しかし、中世ともなると「領内」から巨木を得ることができなくなった。そこで「外」に木を求めるようになっていった。つまり木々が「商品化」していったのだ。取引の範囲はどんどん広くなり、ネットワークが次々と繋がっていく。構築された交易網が、日本の中世以降の社会基盤となっていったと言ってもいいだろう。

そうなると伐採される場所も全国に広がってゆく。伐採は自然と人間の関係を歪めてゆく。洪水なども頻度も規模も大きくなってゆく。その様子を「山が怒っている」「龍神様が怒っている」と表現していたかもしれない。しかし「木々が怒っている」と言った人間がどれほどいただろうか。仏教の解釈の上でも、はたして草木は成仏するのかどうかといった議論もあった時代。植物を成仏する「有情」（人間同様に心がある）の存在と考えるのか、成仏しない「非情」（心がない）の存在とするのか。商品化が進むなかで、時代の認識としては後者に傾く傾向が顕著であったのかもしれない。

商品化する。心のない単なる「物体」として捉える。それは「関係の単純化」だ。その単純化が、自然と人間の関係を歪めているのだと、感づいている人間もいたであろう。それゆえにこんな台本を書いた——。

いや待てよ。

そもそも能舞台、あの複雑な関係性を生み出している舞台自体が、植物に囲まれているではないか。

老松については先述の通りだが、吉野氏は先述の著書において、橋掛かりに並行して並ぶ三本の松は三碧だと記し、三碧木星は震・雷・顕現と説明をしている。そのそばで小鼓、大鼓が奏でられる。鼓も振動によって音を発するので「震」とされる。

一方、その対面の壁には、青竹が描かれている場合がある。そちらの側では、笛が奏でられる。笛は中国における楽器の分類で「竹」とされる。植物は楽器の位置を指定しているのだ。楽器の性質もさまざまな意味を周囲に与えている。笛は穴を開けることで音を発する楽器である。易で言うならば「坎(かん)」。「坎」は冬至の象徴であり、時と方角では「子」である。そして鼓の「震」は春分の象徴であり、時と方角では「卯」となる。客席より能舞台を見れば、向かって右から笛、松、鼓と並ぶ。

笛＝冬至＝子

松＝艮

鼓＝春分＝卯

つまり、時の流れとは逆。

右から子丑寅卯となる。

私はそれを「鏡」だと感じている。


それはいったい何のための鏡なのか。

菅谷文則氏は著書『日本人と鏡』において、花嫁道具の中でも鏡台が特別に扱われている背景に「鏡がわれわれの生活全体を象徴していると考えられている」という日本人独特の感覚があることを指摘し、次のような説明を加えている。

「鏡はその人の存在を証明している」

「鏡に映った人間の姿の中に実在する人の全人格が映しこめられていると、感じている」

「鏡に映る姿は一時のものであるが、映しこまれた、映しこめられた鏡の中にこめられたその人の姿は不変であるという考え方」

そういったものがあるとしている。この感覚の歴史は相当に古く、平安時代には「所有者が非常な困難に遭遇した時に、そこ（鏡）に心願をこめて海中あるいは水中に投じたり、あるいは神社仏閣に施入したりする鏡」が存在していることを紹介している。さらに唐末から北宋時代の中国でも「鏡を媒介として、自身が行けない遠隔の地に結縁をするということが広く行われていた」と記している。

能舞台では、人と万物の複雑な関係が織りなす、一瞬の縁が展開している。

商品化・流通といった社会の発展の中で、だんだんそれぞれの結びつきが切断され、その関係が「単純化」しつつあった。今、その人間模様を観客として見ている者は、最初「他人事」として眺めている。しかし物語が進むにつれ、ワキの自省は己にも問いかけていることに気づかされる。目の前で起きている物語は、まさに「お前の話だ。見ているのは鏡だ」と言わんばかりに。つまり「結縁」する。最終的にはこの鏡に到達するために、舞台のあちこちに、時、方角、生命、意味――「万物との関係」が組み込まれているのだ。

このような舞台が生まれた時代に、同じように生まれた「和室」の原点である書院造。前章では和室自体が「縮減模型」である可能性について触れた。縮減によって見せる「全体」とは何か。それは能舞台と同様、失われつつあった「人間と万物の関係性」であったのではないか。

床の間から見える庭。

境界のように見えて、境界ではない部屋の連続。

畳を敷くことで生まれる平等性。

それでいて無闇に踏み入れてはならないアジールの存在。

ひとたび和室が現出することで、あらゆる方向に意味が与えられ、関係が生まれてゆく。それはまさに人と万物の、とても複雑な関係を「顕」の領域に現出させ、意識させる「装置」だとも言える。

今一度万物との関係を考え直す空間。

書院造に始まる和室は、今も我々にそれを喚起させる力を持っているのだ。

和室に入って人が神妙になるのは、そのせいだ。

他者の目によって与えられる「役割」

方角についてもう一点、触れておかねばならないことがある。

それは南。

能舞台でも書院造でも和室の話でも、南については具体的に触れていない。中世の日本人にとって、この方角が意味したことは何なのか。

西方に極楽浄土があるごとく、南にも浄土があった。それを南方補陀落(ふだらく)浄土という。補陀落浄土には観世音菩薩がいるとされ、中世には熊野灘や足摺岬などから小舟に乗り、浄土を目指して海上に旅立つという「補陀落渡海」が盛んに行われた。この渡海は三十日分の食料、水、行燈の油だけが積み込まれた小舟による旅。まずもって生還する見込みのない旅だ。なぜこのような自殺的な渡海が頻繁に行われたのだろうか。要因は大きく二つあるように思われる。

一つは、観音と災害の関係だ。観音はさまざまな形に変化（へんげ）して、生きている人間を苦しみから救う存在である。特に「観音経」にもあるごとく、観音は海難や水害など水に関わる災難から救済してくれる存在だと信じられていた。そのため龍神信仰との結びつきも濃厚であり、龍神が観音に姿を変えるという伝説も多く存在している。

もう一つは、人々を救済する上で、観音は自身の身を切り与えることもあるという点だ。腕を抜いて人を救ったなどという話も残っている。そもそも千手や十一面など、見方を変えればそれは「奇怪な姿」である。そのような姿に己を変えてまで、人を救う。その慈悲の深さ、大きさに人々は心打たれたのではないか。特に千手観音は、自身も手を合わせている。これは、手を合わせ、救いを求めている人間に対し、いまだ苦しみの中にあることを、そこで生きることを強いられていることを、己の苦しみとして「申し訳ない」と思っておられるのだという話を、僧侶に教えてもらったこともある。

この二点を総合すれば、当時、川の氾濫による水害があちこちで起きていた。それもかなり深刻な状態にあった。流通のネットワークが広がる一方、運搬のために船を出す回数も増えた。当然海難事故の数も相当に増えた。さまざまな面で、自然との関係が変化しつつあった。その変化は、人間に富を与えつつも、新たな苦しみを与え続けていた。苦しみの種類も多様化していった。

苦しみの多様化に合わせるように、変化して救う観音。その信仰が浸透し、僧侶の中には自身の命を犠牲にして、観音の救済を求めた者もいた。

この船出には、凄まじい時代の変化の匂いがある。

このような背景の中で生まれた「和室」にも能舞台にも、南には特別な意味があったのではないか。特に能舞台の場合、南は客席。観客は舞台を見つめる。そしてその先には先述の「鏡」がある。

鏡は、見ている観客を映し出す。

だが、それだけではない。

先述の菅谷氏の著書にあったように、鏡に人は「心願をこめて海中あるいは水中に投じた」とある。そして自分は行けない「遠隔の地に結縁をする」ものである。

遠隔の地との結縁。

海中・水中に投じる。

これはまさに「補陀落渡海」の構造そのままである。

どこに水があるのか。

老松のある「場」は「陰から陽」への繋ぎ目。南から真っ直ぐに見れば、正面にあるのは北。北は陰陽五行では、陰であり、冬であり、水である。

余談になるが、この陰／水という感覚は、ある程度世界共通の感覚であるようだ。ハン・ドンイル氏の『教養としてのラテン語の授業』によれば、「『no, non, ne, nein』などの否定の副詞は、インド・ヨーロッパ祖語の〝否定〟を意味する概念である『夜に流れる水の曖昧さ』から生じました」とのこと。古代人は真っ暗な夜を「明るい海の動きが止まり、暗い海の水が地面に流れ出て生じる現象」だと考えていたそうで、何も見えない夜に「何が見えた？」と尋ねられると、「水だけ見えた」と答えていたのだとか。古代エジプトの象形文字でも、否定の副詞は「夜に流れる水」を象徴しているのだそうだ。

さて、この能舞台の北にある「水」に己を投げ入れる。

その鏡に映るのは己の姿であり、遠隔地＝浄土であり、観音である。

観客は「鏡」を「見る」と同時に、そこに映る観音に「見られる」。

興福寺寺務老院の多川俊映氏の著書『仏像　みる・みられる』にこんな記述がある。

「浄土を外に求めるのではなく、浄土の内在化というか心の浄土化で、いかに自分の心を清浄なものにしていくのか、それこそが仏教者の究極の目標（真実）だと思います」

この真実に近づく方便・手立てとして仏像があるとしている。しかもここで特に印象的なのは、「方便・手立て」は二次的なものではなく、方便をたぐりながら真実を模索するのであれば、真実と方便とは同格だとしている点である。そういった目で今一度仏像を見れば「みているのだけれど同時にみられてもいる感覚が、ある瞬間、『見守られている』という思いや感覚に移行することが」あるとしている。

観客の視線は、ある瞬間、観音の見守る視線へと変化してゆく。

能舞台が「浄土の内在化」という真実に近づくための「方便」「手立て」であるとしたなら……。

そんな構造が、能舞台だけではなく「和室」にあるのではないだろうか。

「和室」に感じるアジールの存在は、そんなところにあるのかもしれない。

ところで……観音の慈悲。これを現代人はイメージしにくいかもしれない。

たとえばサダーパリブータ（常不軽菩薩）という菩薩の話。この菩薩は相手が誰であれ、「私はあなた方を軽んじません。あなた方は、完全に覚った尊敬されるべき如来になるでしょう」と言い続けた。その結果、人々の怒りを買い、土塊や棒切れを投げられる。それでも同じことを言い続ける。

ただ黙って人々を見守り、傷だらけになっても、命を失っても、苦しみから救うことに専念する。

私のような昭和生まれの「テレビ世代」であった人間には、もしかしたら、これをイメージできる「方便」があるかもしれない。たとえば、昭和四十二年に放映された初代の「ウルトラマン」だ。ウルトラマンは何も言わず、傷つきながらもただただ人間を救い続ける。最終回ではは命を落とす。菩薩であるのだから、本来であればそのまま如来となるのだが、ウルトラマンは再び菩薩として、人々を救うことを決心する。あのイメージに近い。あのアルカイックスマイルの表情も、「よすが」であるような気がする。

ついでに「化物」についても言及しておこう。江藤淳が『成熟と喪失』の中で興味深い言葉を記している。

「ある『役割』に限定してくれる他人の視線」

ここでは「他人」と言い切っているが、「他者」と拡大すれば——

人は「他者」＝取り巻く万物からの視線によって、ある種の「役割」を与えられる存在である。その視線を失えば、万物と共生する「外」の存在となる。それは「化物」であり、ウルトラマンが懸命に排除する存在となってしまう。「ウルトラセブン」にジャミラという怪獣が出てくるが、あれはもともと人間であったことを思えば、たとえばあのような存在になるということだ。

「和室」は続いている。厳格な内と外がない。境界がないから人と万物は互いの視線を交わし合う。そして「役割」「意味」を与え合う。その視線はやがて見る／見られるから見守るに変わる。この関係を失えば、人は何ひとつ「役割」を持たぬ「化物」となる。化物となってしまえば、もはや共生の資格を失ってしまう。それらはたとえば「餓鬼」などのように追い払われる。節分の「鬼は外」の鬼となってしまう。つまり本当に「外」に追いやられてしまう。

復讐。

それはイマジネーションを捨て、単純化の中で生きることで生まれた、夥しい数の「化物」に対する語りかけ。

サダーパリブータのごとく、変わることのない語りかけ。

これが舞台「器」のテーマである。

「器」の舞台と試作品について

舞台中央には「器」が置かれている。

「器」を設置できないときは、それに相当する役割を持つものがあればいい。

この存在により、四方に意味が与えられる。

「器」は長方形なので、長辺が舞台の背面と正面に対するよう設置する。どちらも障子は開け放ち、舞台の奥には松、あるいは松に相当するもの（絵でも写真でもミニチュアでもいい）を置く。松は艮なので、日が変わり、日が昇るまでの時間。つまり死から再生への方角。実際には北東であるが、舞台概念の説明の上では「北」と定める。

そのうえで、各方向を五行に分類する。

「器」の中を中央＝土。

上手が東＝木。

舞台中央前面が南＝火。

下手が西＝金。
背面が北＝水。

物語全体が人の世の話なので「中央」から始める。中世の世界観の喚起をイメージしているので、ベースには謡曲の台本を据える。目指すところは人と自然の関係への喚起であり、それは双方の同根、そして繰り返される転生、そのシンクロなので、第一話は『杜若』を基礎にした。

時代は現代よりも少し古い。近代から現代に変化する時期。戦前の末期といったところ。当時の人間は今ほど「環境」に対する意識を持っていない。杜若を愛でながらも、どこかで動物、さらには人間の優勢を感じている。その根拠は当然科学にある。近現代人の科学への傾倒が、原爆投下を招き、その後現

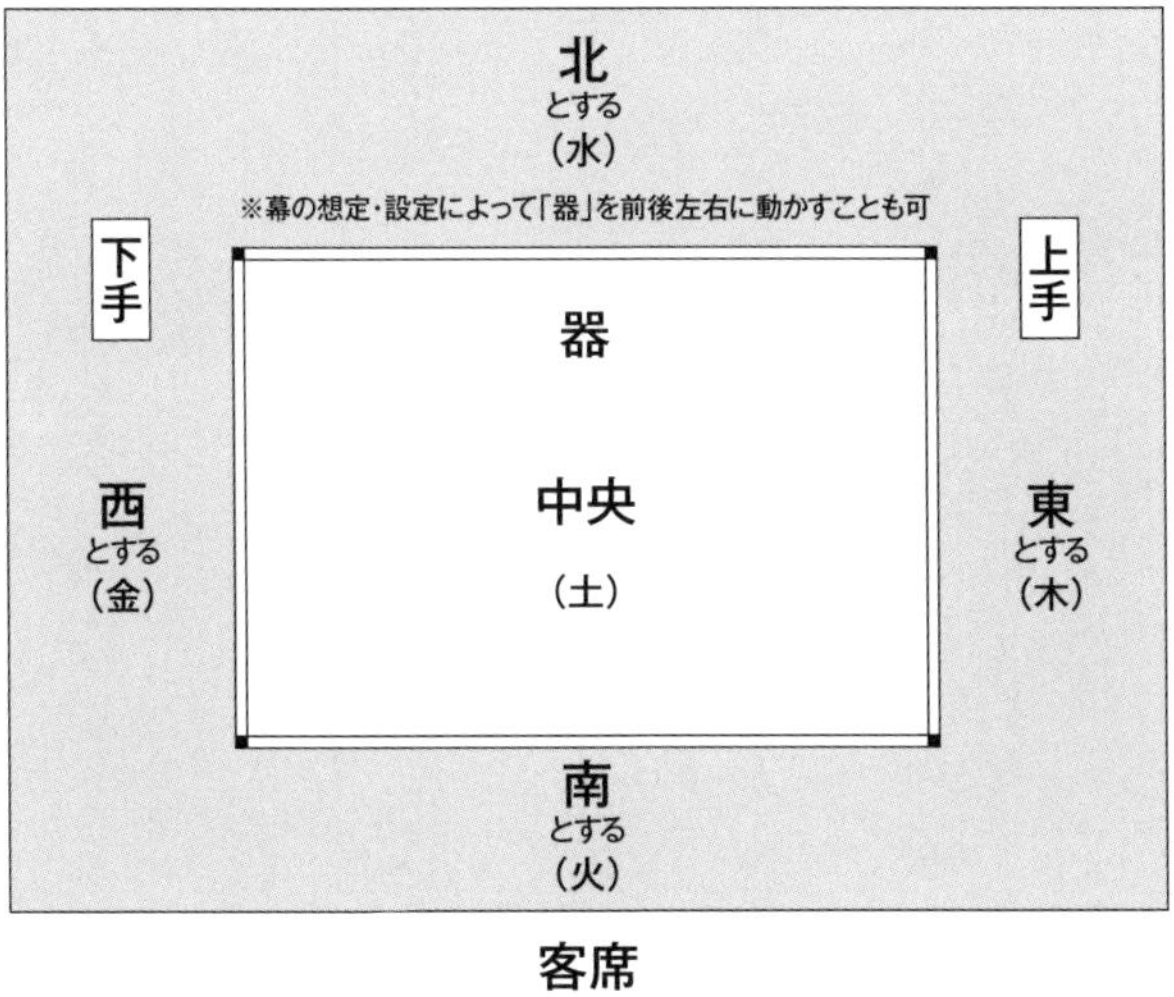

北
とする
（水）

※幕の想定・設定によって「器」を前後左右に動かすことも可

下手

上手

器

西
とする
（金）

中央
（土）

東
とする
（木）

南
とする
（火）

客席

代の核兵器へと繋がってゆく。

一方、先述の『植物は〈知性〉をもっている』によれば、地球上の生物量の九十九・五パーセント以上は植物だという。この植物の星に「生かされている」のに、万物との関係を単純化させ続ける人類は、それに気づいていない。そのことも意識したい。

次は東。東は芽生え。現代人は芽生えや誕生と言えば、とてもエネルギッシュな「若々しさ」や「希望」に満ちた瞬間を想像しがちだが、そんな「右肩上がり」の思考は産業革命以降の人生観であろう。それが高じて現代では「アンチエイジング」などというものが流行しているのだが。

そもそも「生誕」は「過去」の象徴。失われたものであり、決して戻ることのない時間。そこで展開する物語として『隅田川』を基礎に置いた。失われた己の子を探す「母」の姿と、それを見守りながらも、結局は自分の過去の殻の中から抜け出すことのできない「病人」たちの「一瞬の縁」を表現した。

三作目は南。南は成長、繁茂、あるいは現在と捉えてもいい。ストーリーも動きの多いものとした。また、南は観音の視点。ただ衆生の災難を見守り、自身も静かに手を合わせている。その悲しい眼差しの存在を感じてもらえるような構成にした。ベースとなる謡曲は『鉢木(はちのき)』。

四つ目は西。西は「死」へと向かう「未来」である。

中世の日本人の世界観を一言で言えば「無常」ということになろう。特に室町時代はそれまで絶対と思われていた「帝」の権威を大きく損ねる時代でもある。帝の権威が落ちることで、それまでその信用のもとで「上位」に置かれていたものが、地位を急落させてゆく。網野善彦氏の研究によれば、そのときに部落差別も生まれたのだという。急落したものの中には遊女もいた。そこで「西」の舞台は『江口』。江口という遊女が崇高な哲学を語る謡曲をベースに、足利尊氏の弟直義と遊女の霊が語る物語を描いた。同時に遊女が直義に垣間見せたものは、彼にとっての「未来」＝「死」。

五つ目は北。テーマは死＝成仏。そして再生への予感。顕としての死のみを見る現代人にとって、死は物理的なもの。しかし、それは万物との関係との別離ではない。もし死が完全に個人的なものであり、万物との関わりがなく、「視線」の外にあるのであれば、人間は葬儀などしない。散骨という方法を選ぶ人も少なくはないが、それとて万物との関係の「内」に、故人を収めたいと思う行動である。つまりどれほど肉体が滅んでも、関係は永遠に続く。それを意識だとか、波動といった言葉で表現する場合もあろうが、その消滅しない冥なるもの、それを謡曲『砧（きぬた）』に寄せて、止まぬ鼓動として表現し、その音が消える瞬間に成仏し、次なる生、つまりは「形を変えた関係の継続」へと流れてゆく。

最後は再び杜若が出てくる。

杜若はそんな人の世界とは関係なく、また今年も咲く。

なぜなら、人とこの世の関係は、視線によって構築されているのだから、事実というものは、人の解釈にすぎない。万物の視線がなければ役割は与えられないが、人の役割は、「自分が存在しなければ、世界は存在しない」というものでもある。つまり「意味を与える」ということ。人間がどのような意味を与えようとも、取り巻く世界は表情ひとつ変えない。杜若もただ静かに咲く。

「復讐」による語りかけは、そうやって、永遠に続く。

第三部

戯曲「器」

＊音楽演出　森めぐみ

（注）アミがけのあるト書は森めぐみによる音楽演出である。

＊舞台の真ん中に「器」。あるいは、それを彷彿させるもので代用も可。
舞台奥＝北であることを彷彿させるものがあればよい。

第一幕

砧を打つ音が繰り返し響き渡る。

吹き鳴らすもの、たとえば笛による息の長い音が、うねるように重なる。

下手より女中、杜若を生けた花瓶を持ってくる。

「器」であればその中に。

代用であれば、それをイメージして「内」に。

北（床のイメージ）に飾る。

しばらく飾り付けをしてから、下手にはける。

女中がはけると同時に上手から一人の女性。「内」に入って、花瓶のそばに腰を下ろす。

下手より、客人。女中の誘いで入ってくる。

女中　ずいぶんお早いご到着で。

客人　少し予定が早く終わったものですから。ご迷惑でしたでしょうか。

女中　いいえ、さあさ、こちらでございます。

二人、「内」に入る。

客人　素敵なお部屋ですね……。

女中　古いばかりで。お恥ずかしい限りですが。

客人　（東を見て）お庭も素晴らしい。それになんといっても静かだ。こういう場所には、もはやなかなか出会えぬもの。

（ふと、花の横に座っている人間の気配を感じる。ただし見えていない）

高音が微かに鳴り始める。

女中　都会の方(かた)には珍しいだけですよ。ところで、ご逗留は何日ほど。

客人は気づかない。

「気配」に気を取られている。

激しく切迫し、急速に大音量に到達。

生けられた杜若を見入る。

音は余韻を残して消える。

女中　お客様？

客人　え？　ああ、なんだっけ？

女中　ですので何日お泊まりになられますか？　お電話では、お部屋をご覧になられてからと。

客人　ああ、そうだったね。この部屋なら……（再び気配を気にしつつ）。ねえ、あの花は？

女中　それは庭の池のそばに生えておりました杜若でございますが……それが何か？

客人　とても……いや、月並みな言い方しかできないのだけれど、美しい花だと思ってね。あなたが生けてくださったの？

女中　ええ、まあ。とはいえ素人の手慰みなので。おかしいですか？

客人　結構ですよ。たいへん。

女中　で、お日にちは？

客人　そうだなぁ……一週間、いや十日ほどお願いしたいのですが。大丈夫だろうか？

女中　承知いたしました。では、ごゆっくり。何かございましたら、何なりとお申し付けください。

客人　ありがとう。お世話になります。

女中、下手にはける。

高音が素早く息を吹き込まれて引き延ばされる。

客人、一人になると、しばらく荷物を解いているが、ふと気になって、杜若に近寄る。じっと見つつ

音の層が厚みを増して

客人　光陰は止まらず
春すぎ、夏も来て
草木心なしとは申せども

時を忘れぬ花の色

歌が終わると同時に微かに鳴り続ける音が残る。

人　いやはや、それにしても、美しい杜若だ。
不躾な旅人であるなぁ。

人の登場とともに音が瞬間的に入って消える。

客人　（気配を感じながら）怒っているのか。あまりジロジロ見るのはたしかに、
心なき草木であっても、いかにも不躾。ならば、この歌を贈ろうか。

歌の途中で音の層が次第に重なり

唐ころも
着つつ馴れにし
妻しあれば
遥々(はるばる)来ぬる

すべての音が静かに鳴り止む。

人　はて……。

客人　申し訳ない。本来であれば、自分で歌を考えねばならんのだろうが、生憎そういった才がないのでね。在原業平の歌。「か・き・つ・ば・た」を句の頭に置いた歌で勘弁してくれ。それでも、私の思いは込めている。依り代とでも思ってくれれば。

人　古人が花を見て歌う心。人は歌えば、それで水に流してゆく。されど草木は黙って受け、じっとそれを胸に刻んだまま、幾度も幾度も花を咲かせては萎れ、萎れてはまた、花を咲かせる。

客人　（胸の内から写真を取り出し、じっと眺める。しばらく見入ってから）のう、杜若よ。

人　また重荷を負わせるか。

客人　業平には、置いていった妻がいる。私にはもう……。「あなたのいるところは、私のいるところ」。そう言ってくれていた妻であったのにのう。

（ため息）

人　別れたのか。

客人　生きてさえいてくれれば……。

人　亡くなったのか。

客人　病室にも行かせてもらえぬ。

人　そういうことか。

客人　お前たちにはわからぬかもしれんが……人というのは、何でも彼でも、すぐに忘れてしまう。今、かようにお前を見つめていても、幾年も過ぎれば、跡形もなく、今日ただ今の心情など、綺麗さっぱり。しかし、一つ一つ花弁をむしるように、心の中の由無しごとを消してゆけば、かえって忘れられぬことがはっきりと姿を現すようになる。

人　時との過ごし方が拙いのであるから、仕方あるまい。

客人　杜若よ、お前のことが好きだった妻。

人　それは結構。

客人　よう生けてくれたもの。

人　それは迷惑千万。

客人　まさかここで……お前に会うとはなぁ。

人　知ったことではない。好きだから、美しいから、思い出だからと言うては、我らの手足を切り取るなど……しかも思いまで託す。そうやってお前はすっきりとして、こちらには毒を残してゆく。いい気なものだ。

客人　生まれ変われば、お前になりたい。

人　間違いなく後悔することだろう。

客人　そして再び、妻に会いたい。

人　枯れてしまえば捨てられる。

客人　（深いため息）

人　（同じように深いため息）

規則正しく叩く砧の音が聞こえてくる。

客人　（音を聞きながら）さても、風流な山里よ。いまだに砧を使うとは。まるで鼓動、この山里が生きているようだ。

人　ものも聞きようだ。

鹿威（ししおどし）に水が溜まっていくように、音色が豊かに変化しながら柔らかい響きが重なる。

客人　それを聞きながら、徐々に行き場を失いつつある私は、そうよのう……季節外れの蛍であろうか。

竹筒が岩を打つ軽い衝撃で短く跳ね返るような細かい打音が、砧の音に余韻をつける。

人　お前は十分に人間だ。

客人　ついては消え、消えてはつく光を散らして飛んでいる。

管楽器が静かに加わる。

人　あやつらも好きでやっているわけではなかろうに。

音の層が厚みを増しては減るのを繰り返して歌の間に消える。

客人　飛ぶ蛍
雲の上まで往ぬべくは

秋風吹くと、
雁に告げこせ

余韻を付した砧の音だけが鳴り続ける。

人　蛍もはた迷惑な。

客人　（再び杜若を見入って）杜若よ、お前のおかげで少し、いろいろなことを受け入れて、心落ち着くことができそうだ。ありがとう。

人　どういたしまして。

客人　あの砧の音が続く限り、妻は生き続ける。私の心の中で、ずっと……。

音の層が急速に厚みを増して最大音量に達すると、砧の打音が一つ残ってすべての音が停止する。

女中　（大きなくしゃみ）

砧、再び叩き始める。

第二幕

ゆっくりと暗転
徐々に遠ざかっていくように砧を打つ音が消える。

「器」の「東＝上手」のみ使用。
暗転から、うす暗い中。
女が穴を掘っている。
摩擦によって生まれる音は男二人の登場とともに消えていく。
そこに上手より寝巻きの男二人。
手におもちゃの懐中電灯。
忍び足で入ってくる。

男2　あ、ほら、あれでんがな。

男1　ん？　あ、ほんまや。何やあれ。

男2　知りまっかいな。夕方にひょいとこのあたりに顔出した思うたら、いきなりあれでんがな。気色の悪い。髪の長い女が、経帷子着て、夕方からうろうろしてるだけでも只事やない。おまけに夜になって、一所懸命穴掘ってる。ここ、わての土地でっせ。おかげでお得意さん、皆帰ってしもうて。どないかなりまへんかな？

男1　なんで僕が？

男2　あんた駐在さんでっしゃろ。

男1　違う違う。今はもう引退して、悠々自適（ゆうゆうじてき）や。

男2　そやかて、わて困ってまんねんで。今日やそこいらの付き合いでもあれへんし。

男1　そんなに長い付き合いでもないやろ。

男2　水臭いなぁ……ああ、そうでっか。この国の警察っちゅうのは形だけで、引退したら市民のことはもうどうでもええんでっか？　あんだけ税金で食わしてもろうて、それでお終いでっか？

男1　なんもそんな大きな声で言わんでも。

男2　言いまっせ。税金以外に、わて、どんだけあんたらに払うたと思うてますねん。働いてるだけで市民税、買いもんしたら消費税、死んだら死んだで相続税、調子乗って車買うたら自動車税、ガソリン入れたらガソリン税、一服吸うたらタバコ税。強制執行国民年金、どっこも悪いところないのに健康保険、やっとこさ家買うたら固定資産税。それだけやあれへん、酔っ払い運転、スピード出しすぎ、停止線無視で、もろもろ取られ。

男1　後のいくつかはおかしいやろ。

男2　借金だらけで女房には愛想つかされ。

男1　気持ちよう寝てはったやないかいな。

男2　居場所がない、言うてますねん！

男1　そんなん僕、関係あれへんがな。

男2　ああ、だんだん腹立ってきた。あ、そや、ここわしの土地やし、なんやったら思う存分あんた、どつき回したろか。

男1　アホなことを。こう見えてもわしは元警官やぞ。素人に負けるはずない。

男2　そういう展開もあるかと思うてな。ちゃんと準備してまんねん。この鎌でざっくり……。

男2、おもちゃのスコップを振り上げる

女、手を止めて男らを見始める。

男1　危ないって！　ええ加減にせぇ……おい、お前が大きい声出すさかい、こっち見てはるやないか。あ、ちょうどええわ。あの顔、ちゃんと確認してみろ。お前、あれ知り合いやないか。

男2　（顔をじっと見つつ）知りまへんなぁ……。

男1　お前、昔悪いことしたんと違うか？　だいたい男っちゅうのんは、そういうことやっといて、ころっと忘れてる場合があるやろ。

男2　なんでですねん。あんたこそちゃんと見なはれ。あれ、だいぶ歳いってまっせ。こう見えてもわてはまだ三十。いくら何でも。

男1　さよか……ほなまぁ、昔とった杵柄。職質してみるか。

男1女に近づく。

男2その後ろに隠れてくっついている。

男1　（咳払い）あの……つかぬことをお伺いしますがねぇ。その……何をなさってておられるのでしょうか。

男2 （小声で）お前、現役んときそんな聞き方せんかったやろ。

男1 （小声で）ええから。

女 少し静かにしていただけませんか。いい歳をした大人がなんですか。騒々しい。

男2 （小声で）何怒られてますねん。しっかりしなはれ。

男1 （小声で）お前がごちゃごちゃ言うさかい、なんやけったいな塩梅になってしもうたがな。

女 （咳払い）あ、いやお手を止めて申し訳ない。しかしながら、ここは私有地。夜中に立ち入って、穴を勝手に掘るなどというのは、いかがなものかと。近隣の者も恐れております。事情があるならば、お話しいただいた上で、この土地の持ち主が納得すれば続けていただき、そうでない場合はお引き取りいただく。そういう手順を踏んでいただきませんと。

男2 まあ！　まるで人を泥棒か何かのようにお考えですの！

男1 （小声で）もっと怖いわ！

男2 （小声で）言いたいことあるんやったら、コソコソしてんとすっと言え。

女 （小声で）それができたら苦労はせん。お前が頑張れ。

男1　（咳払いをしてから再び女に）なんぞ探し物でも？

侘しい物静かな旋律が途切れ途切れに続き、女の台詞終わりと同時に音が消える。

女　（軽くため息）ええ、探し物です。おそらく、このあたりに我が子の亡骸が埋められているはず。人拐いに連れてゆかれ、それきりでありましたものの、諸国を歩き探し回るなかで、ここで一人の幼い男の子が捨てられ、そのまま息絶えたことを知り……まずはそれを確かめたく。そのうえで、経を唱え、成仏を願わんと思うているところ。

男1、ゆっくりと振り向いて、男2を見る。

男2　（男1に）ええ人やないかい。やっぱり話は聞いてみるもんやなぁ。そうですか……。ん？　何、なんでそんな目で見てるねん。

男1　ここはお前の土地なんやな。

男2　そう。正真正銘、わしの土地や。うちの親父が亡くなるときに、ここやで男1　言うて、権利書もろうたんやさかい、間違いない。なんやったら女房も呼んで……。

男2　いや、そうやない。ここ、あのご婦人が掘ってはるここ、これもその土地のうちなんやな。

男1　しつこいで。最前からそうや、言うてるんやないかい。ちゃんと人の話……なんやねん。手ぇ離せって。触るなっちゅうてるやろ。なんやねん。

男2　ほんまにお前、なんにも知らんのか。ここ掘って、骨出てきたら、そんときは知らぬ存ぜぬでは通らんぞ。

女　知るかいなそんなこと。ほんま迷惑な話や。だいたいおかしな話やろ。どこの誰に話を聞いたんか知らんけど、仮にそんな出来事があったとしてもな、なんでわしの土地でそれがあったこと、赤の他人が知ってるねん。わしかて知らんのやぞ？　おかしいやないかい。

男2　その人たちが申すには、ここは私有地ではございますが、土地の者は便利な抜け道ゆえ、皆よく通り抜けているとのこと。そこに人拐いの一団が通り過ぎ、病に犯された、売り物にならない子どもを捨てていったのでございます。その方（かた）がご存じなくとも、なんの不思議もございません。

ほら。見てみい。ちゃんとした人は、ちゃんと道理の通ったことをおっしゃる。

男1　おかしな女や言うたり、迷惑や言うたり、ちゃんとした人やと言うたり、忙しい男やな。まあ、それはそういうことならそれでもええ。しかしな、袖すり合うも他生の縁という言葉もある。これも何かのご縁。こうなったら、かわいそうなお子さんのお骨、一緒に探させてもらおうやないか。

男2　え？

女　ほんにお優しい……きっと巡り合わせてくれたのも、我が子が御霊（みたま）。ありがたや、ありがたや……南無阿弥陀仏、南無阿弥陀仏……。

＊＊＊

いったん暗転。

照明が少し明るくなる。

耳障りな摩擦音が何層かに重なって、鳴り続けている。

男二人は女とともに掘り続けている。

男1　こう暗くては、なかなかわからぬものよのう。

男2　やっぱりここと違うんと違うか？

蛇が這うような起伏を伴う緩徐な旋律が静かに加わる。

女　いいえ、ここに違いありません。わかるのです。感じるのです。

男2　やれやれ……気持ちはわかるけど……（力を入れる）ん？　なんか当たったぞ。あ、これ！　骨と違うか？

男1　どれ。おお、そうじゃそうじゃ、間違いない。手荒いことしたらあかんぞ。ここからはそっとな、そっと……（手ぬぐいを出して）やれやれ泥だらけじゃのう。よし、これでどうじゃ。ご婦人、これでございますぞ。

女、小さな髑髏を受け取る。
優しげな旋律の裏に歪み（ひず）が垣間見える音。
それをひしと抱き締める。

女　おお……これが……我が子……。

緩やかな起伏が次第に激しくなり、徐々に力なく消えていく。

女　今までは、さりとも逢わんを頼みにこそ。
知らぬこの地に下りたるに。
（泣き崩れながら）今一度、この世の姿を、母に見させ給へや……。

男2　そんな無茶言うたらいかんわ。

男1　しぃ！
（女に）これも定めなき世の習いでございましょう。人の一生、憂いばかりが花を咲かせ、無常の風がそれを散らしてゆく。今はただ、嘆くばかりでおられても、なんの甲斐があることでしょう。お子もきっと、母たるあなたの声を聞きたいと思うておられましょう。仏に通じる言葉といえば、やはり念仏。ここで唱えてやってはいかがでしょうや。邪魔になるやもしれませんが、我らもともに。

女　（小さな声で）……はい。

三人　南無阿弥陀仏（連呼）

念仏を続けるなか、女はハッと顔を上げてあたりを見回す。

男1　いかがなされたかな。

侘しい物静かな旋律が途切れ途切れに続く。

女　今、たしかに今、我が子の声が……。

男1　雑念を捨てなされ。ただ無心に。

女　されど！　たしかに今！

男1　ご婦人よ、死は死。受け入れ難くとも。

大きな振動の後、急激に収束する。

女　いいえ！　いいえ！　ほら！　今も！

男2　（男1に）お前も固いのう。聞こえてる言うてはるんやから、それでええやないか。そうそう、な、息子さん、お母さんの声聞けて、喜んではるんやて。

子（声のみ）母にてましますか。

男2　そうそう、あれがお母さんやで……って、お前、うまいなぁ。

男1　何が。

男2　何がて、子どもの声色の真似やないか。瞬間やったけど、ゾッとしたで。

女　ああ、あれは！　我が子か！

子（声のみ）母にてましますか！

女　おお！　我が子よ！　我が子よ！

女。上手に向かって走り去る。

男二人はその後をじっと見ている。

男1　お前……なんか聞こえたんか。

男2　お前……なんにも聞こえんかったんか。

男二人そのまま、しばらく黙って上手を見ている。

男2　なあ

男1　ん？

男2　なんとなくなんやけど……あの女、ほんまにあの髑髏の母親なんやろか。

男1　なんでそう思う。

男2　さあな。ただ……あの女が、自分で拐って、それで捨てた子どもやないのかなぁと。そんな気がしただけや。
そやなかったら、やっぱりおかしいやろ。ここ、誰も通ってへんし。ここで何か起きたんやったら、さすがにわしの耳にかて入る。あの女、ずっと昔にこっそり殺しておいて、ほんでだんだん罪の意識に苛まれて……そのうちに自分の子どももやったんやないかという気になって。そんなふうに、なんか頭ん中の記憶を、勝手に触ったん違うんかいな。

上手より看護師二人が走ってくる。
一人はトランシーバーで連絡をとりながら近づいてくる。

看護師1 あ、発見しました！　クランケ二人、敷地内の森の中に。至急応援よろしくお願いします。

看護師2 （男2に）さあ、斎藤さん。お部屋に戻りましょうねぇ。寒かったでしょ。まあまあ、こんなにずぶ濡れになってしまって。

男2 あのな、看護婦さん。今な。

看護師2 ええ、ええ。たくさんお話しがあるんでしょ。さ、部屋に戻りましょう。

男1 しかし、これは放っておくべきではありませんぞ。髑髏があったのですから。

看護師1　（男1に）大村さん、いえ、巡査部長、お勤めご苦労様です。もう朝ですよ。そろそろ交代の時間ですねぇ。ベッドに戻りましょうか。髑髏の件は、私から次の巡査にお伝えしておきますから。

男の看護師三名駆けつける。
男1と2を捉える。

男の看護師　（口々に）確保。
看護師2　お疲れさまでした。
看護師1　よろしくお願いします。
男の看護師　（口々に）了解しました。

男の看護師たち、男1と2を連行して、上手にはける。

看護師1と2　ふぅ……。
看護師1　もう目を離さないでくださいね。
看護師2　すみません。以後、気をつけます。

看護師1　まあ、結果オーライよ。今回は何事もなくてよかったわ。
看護師2　本当にお手数をおかけしてしまい……。
看護師1　私たちも戻りましょう。院長先生にばれないうちに。
看護師2　はい。

摩擦音が不規則に続く。
上手に去りながら

看護師1　それにしても毎度毎度……いったい何なんでしょうねぇ。ちょっと目を離した隙に。
看護師2　ここに何かがあるのかもしれません。
看護師1　やめてよ、あんたまで。
看護師2　すみません。

雑音が止む。

第三幕

「器」の正面のみを使う。

女　で、どうするんだよ。こんなボロボロの男を連れてきて。刀も何も、全部錆びてるじゃないか。

盗賊　だけどさ、なんかの足しにはなるだろ。見方を変えりゃ、ボロボロの武者なんて、鴨がネギ背負って飛んでるようなもんじゃねえか。一応、馬についてた馬具は高級品だったぜ。

女　その馬はどうしたのさ。

盗賊　売ったよ。飼い主もこんなだから、馬も痩せっぽっちだったけどな。付けてる装飾が良かったから、まあまあの値段で買ってもらえたさ。

女　なんで勝手なことするんだよ。売る前にちゃんと見せなよ。

盗賊　無理言うなよ。あの馬、一歩も歩かないんだから。買ってもらえただけありがたかったんだぜ。

女　わかったよ。で、どうするのさ。見た感じ、その馬よりもひどそうじゃないか。こんなの連れて歩くわけにはいかないだろ。

女、捕らえられている男に近づく。
腰をかがめて顔を覗き込む。

女　戦かい。

男は俯いたまま。

盗賊　おい、ちゃんとお答えしろ！

盗賊は男を殴りつけようとする。

女　（盗賊に）やめないか。みっともない。（男に）まあ、どの道戦場（いくさば）に行っても、そんなボロボロの体じゃものの役にも立ちはしない。死にに行くつもりだったのなら諦めてくれ。これも世の定め。こっちも好き好んで盗みをやってるんじゃないんでね。ただね、馬や獣と違って、人間は言葉が通じる。だからさ、まあ、何ができるってわけじゃないんだけれど、言いたいことがあるんだったら、聞かせてもらおうかね。私らにも心ってのはある。こうやって、あんたの命を奪うことになったのも何かの縁。このまま何も聞かずに、ただバッサリやったんじゃ、やっぱり寝覚めが悪いんだよ。言い残したいことがあるんなら、そいつを聞かせておくれよ。

男　（つぶやくように）お前らに道の話をしてもせんなきこと。

盗賊　何を偉そうに！

女　やめなって。（男に）そうさ、どうせ私らは道を外したものだ。だけどせめて、あの世で閻魔様に会うときに、ちょいとばかり情状酌量の余地ってのが欲しくてね。

男　（しばらく黙ってから、やや無感動に）変わった女だな。

女　繰言だけどさ、好き好んでこんなことをやってるんじゃない。私らがこうなったのは、そりゃ、自分の弱さからかもしれないけどね。でもすべて、私が悪いわけじゃない。世の中にだって責任はある。

ぼんやりと霞んではっきりしない響きが広がる。

でもねぇ……世間ってのは、誰が悪いのかってことをきちっと見せてくれない。お上が悪いのか、帝が悪いのか、神様が悪いのか、それとも、そもそも運が悪いのか。だんだんわからなくなってくる。だからね。死んだときに、地獄の鬼どもに言ってやろうって思ってるのさ。

私が悪いのなら、存分に罰すればいい。

だけど、そんな私を生んだのは、罰しているあんたらの上司、神様だってことを、忘れるんじゃないよってね。

男　（我慢していたが、思わず噴き出す）

女　ようやく元気出してくれたねぇ。少しは話をする気になったかい。

男　ああ、そうだな。お前にならなら、わしの思い残したことを、委ねてもいいかもしれん。

女　そうこなくっちゃ。さあ、言いなよ。あんた、何してほしいのさ。

男　わしの首を鎌倉の執権様にお渡ししてくれぬか。そしてこう伝えてくれ。誓いを、守ることができず無念でございましたと。それだけでよい。

地鳴りのような音が、ゆらゆらと蜃気楼のように現れては消えるのを繰り返す。

盗賊　そんなことできるわけねえだろ！　執権のところに武人の首持っていったら、俺らが殺されちまうじゃねえか！

女　（盗賊に）いいからお前は黙ってろ！　（男に）で、その、誓いってのはなんなんだい。

男　自分勝手な誓いだ。幕府より、緊急の招集が御家人に対して発せられたら、我はそれに真っ先に駆けつける。それだけのことだ。

隙間なく滑らせるように移動する音型が重なった後、真っ直ぐに伸びた、しなやかな音が残る。

（空を見上げ、寂しげに笑う）しかし……もはや日は高い。すでに多くの御家人は陸続と鎌倉の政所に集まっていることであろう。であるのに、わしはこのような有様。どの面下げて出向いていいものか。

ゆえにもう命など……どうでも。

ただ、自分は誓いを忘れたわけではない。常に心構えをしていたのだ。その釈明さえできれば……あとは何も思い残すことはない。だから、執権様にこの首を届けてほしいのだ。

女　それだけの覚悟があった割には、なんでこんなみすぼらしい格好をしていたのさ。家臣はどうしたの。なぜあんた一人、痩せ馬に跨って走っていたんだよ。

男　（少しため息）恥ずかしながら……わが所領はすべて、親類どもに横領されてしまったのだ。妻も子も殺され、城を追い出され、ただ一人、山の中に暮らしていた。もう何年も。

女　訴えなかったのかい。その、お前の信じる執権とやらに。

男　あいつらは巧みだ。訴えられて困るような隙などつくりはしない。実際、すでに方々に手は打たれていた。多くの高官にも皆、袖の下を渡し、籠絡していた。私はまさに四面楚歌。
（軽く笑う）まあ、そもそもはわしにすべてを束ねる力がなかったのが悪い。自業自得さ。ゆえに領地や財を奪われたことは、いまさら腹も立たぬ。

柔和な響きが静かに広がる。

ただ……妻や子。今日が過ぎればまた日が昇り、同じように明日が来ると信じて暮らしていた家の者たちの、ささやかな日々や願いまでが、なぜ奪われなければならなかったのか。それもわしの実力の無さゆえのことなのか。

そんなことを、そんなことまでをあいつらが勝手に判断することが、許されていいことなのであろうか。

音楽が停止する。

仮にそうであったとしても……やはり許せなかった。

再開して、途切れ途切れに続く。

なんとか生き延びて、泥を啜ってでも生き延びて、ただ一太刀……一太刀でよい。妻子を奪った者にも、痛みを残したい。そう願って生きてきた。その好機が、此度（こたび）の招集であったのだ。一番乗りをした者は、執権様に直々にお話ができる。執権様にことの顛末を訴え、公の場で、横領に関わった者どもを相手に、正々堂々刃を合わせる。そんなお許しをいただく。それを夢見てきた。

（軽く笑って）気にするな。ここまで話せばもうわしは空っぽだ。願いごとなど何もない。さ、さっさと殺してくれ。

最小音量からゆっくりと時間をかけて強まってきた最後の音は、一気に最大音量に到達する。

女は振り返り、盗賊を睨みつける。

音が止む。

盗賊　な、なんだよ。

女　お前……何やってるんだよ。

盗賊　何って……仕事じゃねえか。

女　いつも言ってるだろ。手前ぇで落とし前のつけられないことはするなって。

盗賊　待ってくれよ。そ、そんなのとばっちりだ。俺は、知らなかったんだよ。てか、知ってるやつなんていねぇよ。

女は黙って立ち上がると、刀を抜いて男に近寄る。

そして戒めを解いた。

盗賊　何してるんだよ！

女　（盗賊に。ただし盗賊の方は向かず、なかば独り言のように）子分の落とし前は、自分でつけなきゃいけねえ。

（男に）すまなかったね。謝って済むことじゃないけど。気が変わったよ。あんた、その裏切り者どもを成敗したいんだね。だったら、やってみな。もし、それで世間ってのが、ほんの少しでも表情を変えるんだったら面白いじゃないか。私もそれを見てみたい。

あ、それから、あそこに繋いでいる馬を持っていきな。あの鹿毛はよく走る。鎌倉なんざぁ一走りだ。

盗賊　ば、ばか！　そ、そいつぁ俺の馬だぜ！

女　お前、まだわからねえのかい！　私たちの大っ嫌いなこの世の中に、この人は真っ向から戦いを挑もうとしてるんだよ。どれだけ力を貸したって十分ってことはないのさ。

道を外した私らだけど、賭けるときは賭ける。私は、この男の将来を見てみたくなったのさ。この世の中の将来を見てみたくなったのさ。いけないのかい。

盗賊　べ、別に……でもよ……その馬は……。

女　出ていきな。

盗賊　え？　いや、でも……。

女　魂まで盗人に染まっちまった人間に用はない。さ、出ていきな。

盗賊　わかったよ……。文句は言わねえよ。

女　（男に）しかし、あんた。そのまんま行ったんじゃ、果し合いの時に返り討ちに遭う。せめてこの刀でも持っていきな。私のだから、男にはちょっと小さいのだがね。あんたの錆びた太刀よりはましだろ。さ、とにかくこの世に問うてきな。明日は、少しばかりマシな景色を見せてくれますかってね。

男　か、かたじけない……。

女　礼はいいから、さ、急ぐんだ！

男、下手にはける。

暗転。

ぼんやりと霞んではっきりしない響きに、地鳴りのような低音域が重なり、音がぴたりと止む。

明るくなる。

器の中に男二人。

家臣　執権様、いかがなされました。

執権　いや、ちと様子が気になってな。そちは見なかったか。齢三十余りの男で、痩せ馬にまたがり、錆びついた武具を身につけた者を。

家臣　そんな妙な格好をした者であれば、すぐにでもわかると思いますが……。

執権　左様か……。

家臣　その者がいかがなされたので。

執権　うむ。昨年の冬、雪深き日のことを覚えておるか。わしが諸国の御家人の様子を僧侶に扮し、見て回っていた。

家臣　ええ、覚えておりますとも。あんな無茶な真似を。雪の中、家臣とも離れてしまったと聞いて、肝を冷やしておりました。

執権　その折、山の中に一軒の小屋を見つけてな、しばし暖を取らせてくれと願ったのだ。小屋には男が一人で住んでいた。木こりか狩人かと思うたのだが、どことなく気品がある。なんせ小屋の外には、見事な鉢植えまであるのだ。中には随分くたびれてはいるものの、素晴らしいこしらえの太刀が置かれている。鎧櫃などもちらりと見える。

　間違いない。御家人であると確信した。

　ただ、相当に苦しい暮らしをしているようで、わしが入るまで小屋の中では火も焚かれていなかった。男は、しばしお待ちをと言い残し、小屋の外に出ると、あの、見事な鉢植えを持ってきて、なんの躊躇いもなく、その枝を折って火を起こすではないか。驚いたわしは、それはそなたの大切なものでは、と言ったのだが、男は首を振ると

「いいのですよ。私はご覧の通り、世の埋もれ木。花咲く世に会うことなど、今のこの身では考えることもできませぬ。この梅や桜のごときは、我にはもはや関係のないもの。また長寿を願う松も縁なきもの」

息を吹き込む音、木の破壊音が聞こえてくる。火の強さと音の大きさは比例する。

そう言って次々と火にくべる。

明々と燃える火を眺めながら、わしは思い切って訪ねてみた。

武人と見えるが、それももはや捨ててしまわれたのかと。

すると男はじっと火を見たまま言った。

「鎌倉に急あらば、いの一番に参る所存。こればかりは、曲げることができぬのです。行いによって人は下賤であり、行いによって高貴にもなる。武人が武人であるのも然り。すべては行いかと」

そのうちに火は消えていった。

音が消える。

わしが礼を述べると、男はにこりと笑って「あなたのお陰で、私も今日は良い火に当たることができました。礼を言うべきは私の方です」と言って見送ってくれた。

あれは間違いない。先年、内紛によって城から追放された佐野の源左衛門であろう。あの心構えこそ、誠の御家人。此度（こたび）、あの男がここに来れば、必ず救ってやろうと思うておるのだ。だが、いかにもあの暮らしではのう……。

馬もろくなものを持っておるまい。少し心配でな。

なんとか救うてやりたいのだ。そちも気をつけて見ていてくれまいか。

家臣　かしこまりました。

執権は「器」の奥へ。その後上手にはける。

家臣は一人残る。

照明はやや暗くなる。

「器」の前面に照明。

門番が下手から出てきて立つ。

その後、正面花道から男、駆け込む。

男　さ、佐野……源左衛門……にて……候……ただいま……到着いたしました。

門番　ああ、これこれ！　勝手に入ってはなりませぬ。もう皆様散会なされました。執権様も目下別の執務に。本日はお引き取りくだされ。

男　お願いでございます！　何とぞ、お取り次ぎを！　お願いでございます！　何とぞ！

門番　いやしかし、皆様きっちりと刻限を守ってのお集まり。例外を認めれば、それこそ示しがつきませぬ。何とぞご了承のほどを。

男　そこをなんとか！　これを逃せば、我にはもう機会がございませぬ！　何とぞ！　何とぞ！

門番　（しばらく渋ってから）わかりました。では、どなたかにお取り次ぎいたします。しかし、それで駄目である場合は、お引き取りくだされ。

門番、「器」の奥に座る家臣に「器」の外から跪く。

門番　お奉行様、門前に何（なに）やら怪しげな男が一人。是非とも執権様にお引き合わせをと申しておるのですが、いかがいたしましょうや。

家臣　怪しげな男？

門番　はい。ほころびた鎧を身につけ、錆だらけの兜を被り、隙間から見える着物もボロボロで。それ相応に武家の格好はしておりますが、おそらくは偽物。戦場などで転がっておりました亡骸などから盗み取ったものを身につけているではないかと。

家臣　さように怪しいものであるならば、何もここまで話を持ってこなくとも、早々に追いやればよいではないか。

門番　されど、あまりにも真剣に懇願する様子に抗しきれず、とにかくお奉行様にご判断いただいてと思いまして。

家臣　今はちと手が離せん。帝や朝廷の大臣衆への供物（くもつ）。それをあれこれ調整せなばならぬのでな。

門番　申し訳ございませぬ。では、お奉行様よりご判断いただいた体にて、適当に追い払っておきましょう。

家臣　すまぬのう。

門番　なんの、これもお勤め。お任せあれ。

門番、再び「器」の前面に。

門番　ならぬとのことだ。執権様もすでにここにはおられぬ。残念であったが、ご了承いただきたいとのことであった。申し訳ないな。

男　し、執権様が……もう……おられぬと……。

門番　左様じゃ。さ、早々にお引き取りなされませ。

男　左様で……ござい……ますか……。左様で……。お手間……おかけいたしました……。

男は下手へ。力なくゆっくりはける。
門番は、その場に腰を下ろす。
微かに聞こえてくる虫の声。
徐々に照明は暗くなる。
薄暗がりの中。門番は眠る。
男、下手より再び姿を現す。
門番よりやや下手あたりに腰を下ろす。
鋭い響きが重なり、素早く広がる。

女からもらった刀を抜く。
刀をじっと見つめる。
音が少しずつ欠けて、途切れ途切れになっていく。

男　世の表情であるか……。せっかくもろうたこの刀。使い道は、これしかなかったようだ。女よ、感謝しておるぞ。期待に応えることができず申し訳ないが、いや何、そなたもさほどは期待しておらなかったであろう。そういう世の中だ。今は……いや、今も、昔も。おそらくは、この先も。

柔和な響きに変わり、優しく鳴り続ける。
男はゆっくりと袂を広げ、刀を差し込む。

男　うっ……い……やはや……。痛い……ものよ……。そ、そなたのか……刀……なかなかに……切れ味の……悪い……もの……。（力なく笑う）これだから……人というのは……面倒……なのだ……。お、おかげで……そ、そなたの名を、聞くのを……忘れている……ことを、思い出し……それが……気になって……仕方ない……では……ないか……。

男、刀を左から右へ。
一度抜いて、首に当てる。
すべての音が消える。

男　執権様の御代に……栄光あれ！

首の刀を滑らせる。
そのまま前向きに倒れる。
少し明るくなってゆく。
門番、目を覚ます。

門番　おお！　なんということを！　これ！　もうし！　これ！　ああ、えらいことになってしもうた！　腹を切るなど……これは盗人などではない、本物の御家人であったわい！　ああ、どうしよう！　どうしよう！
（周りを見る）

まだ、東の空が少し明るくなったにすぎぬ。今のうちになんとかいたそう！

門番、男の亡骸を引っ張って、ゆっくり下手に引きずってゆこうとする。

「器」にうっすらと照明。

家臣、はっと体を起こす。

家臣　しまった！　もしかすると、昨夜門番の言っていた男は、執権様がお待ちかねの、佐野源左衛門ではあるまいか！　門番！　門番！

言いつつ、「器」の外に。

下手に男を引っ張りつつある門番を見つける。

家臣　おい！　門番！　何をしている！

門番　お、お奉行様！　あ、いや、その……

家臣　ま、まさかその男、夕べの。

門番　あ……はい……

家臣　なんということを！

門番　（その場に土下座）申し訳、ございません！

家臣、しばらくその様子を見つつ。
また周囲も見る。

家臣　かくなるうえは致し方あるまい。門番、昨日は閉門後、誰も訪ねてこなかったな。

門番　は？

家臣　来なかったな！

門番　はい。

家臣　それでよし。早々に、ここにあるべきでないものを、片付けよ。そしてすべてを忘れるのだ。

門番　は、はい。かしこまりました！

家臣　急げ！

門番、男を引きずって下手に。
家臣も人目を気にしながら、「器」の中に。

照明徐々に明るくなる。

「器」奥から執権入る。

執権　もう日は中天。佐野はまだ見えぬか。

家臣　昨夜はここで夜なべいたしましたが、門番からは何も。

執権　左様か……。（大きなため息）やれやれ、期待をしてみたがのう。やはり人は人。どうしようもないものじゃ。あいわかった。一晩待ったが来ぬとなればさすがにもう。

（それでも未練ありそうに下手を覗く）

人の世というものは……やれやれ……やれやれ……。

執権、家臣とともに「器」の奥へと消える。

舞台暗転。

第四幕

主に「器」の西（＝下手）のみを使って展開。
「器」の中に男一人。西に背を向けて文机に向かう。
男たち数名、下手より、一人の男を高手小手に縛り上げ、引きずってくる。

家臣　御舎弟様！　件の戯作者を連れて参りました。御舎弟様のおっしゃる通り、この男、幕府の御政道に対する批判を面白おかしく書き立てては、それを読み物にしたり、芝居にしたりと、京に住まう民草を惑わしておりました。すでに関係していた小屋に踏み込み、書かれたもの、芝居道具、役者、家主、金子などすべてを差し押さえております。
あとは御舎弟様のお下知をお待ちするのみでございます。

直義、文机より顔を上げると、事務的に後ろを振り向く。

直義　取り調べの必要はない。まず、その男に関係したものは、すべて斬首。女子どもも例外なく、明朝、六条河原にて一斉に処理せよ。この男にはその様子をすべて見せた上で、街道にて鋸引きの刑にいたせ。

家臣　はっ。よし、ものども、参るぞ。引っ立てい！

家臣たち、再び男を引きずりながら下手にはける。
引きずられる男は、大声で抵抗を続ける。
そのうちに黙る。
直義は、「器」の中で再び文机に向かい、何かを認めている。
照明は徐々に夕日に。
下手に女が現れる。

女　あの男には、妻と幼い子どもがおりました。

直義、ふと手を止める。
ゆっくりと振り向いて、女を認める。
まったく動じずにしばらく見る。

直義　どこから入った。

女　妻と子を養わなければいけなかったのです。

直義　どこから入ったのかと聞いておる。

女　養うということは、ただ食べさせるということではありません。生かすということです。すなわち、明日に繋げるということです。それは人のできる、尊い行いの一つであるとは思いませぬか。それを奪う資格があなたにあると、信じて疑わぬご様子ですが。

直義　（軽くため息）答えぬのもよい。しかし、お前がどこから入ったのかを詳らかにせぬのであれば、この屋敷を守っているすべての家臣を罰せねばならなくなる。多くの者が、お前のために、場合によっては命を失うことになる。その者たちにはお前の言う「養うべき家族」もいよう。それらも苦しむことになる。お前が、明確に入った場所さえ言えば、そこを担当していた家臣のみが罰せられるだけですむというのに。

女　私が、この屋敷のどこかを通って入り、今ここに立っている。あなたには、そんなことしか想像ができないのですね。

直義　それ以外の可能性は、今の今まで考えてみたことがなかったが……考える必要があるとは思わぬ。お前がそこにいる。それで十分だ。まあよい。わしはお前とそんな問答をしているいとまはない。好きなだけそこにいればよい。家臣は後で処罰いたす。

直義はまた文机に向かう。
女はそこに立ったまま。
静かな音の層が、厚みを増しては減るのを繰り返して、強まっていく。

女　前生（ぜんじょう）また前生
かつて生々（じょうじょう）の前（さき）を知らず
来世なお来世
さらに世々の終わりを弁（わきま）えることなし

歌の終わりと同時に音が静かに消えていく。
直義、筆を止める。
ゆっくりと後ろを振り向く。

直義　お前は……京におった遊女であるな。まだ生き残っておったとは。やれやれ、お前たちというのはまったく……。まるでウジムシのように湧き出てくる。人のつまらぬ欲望が尽きぬから、お前たちは駆除しても駆除しても這い出てくる。困ったものだ。

女　人中天上の善果を受くるといえども、顚倒迷妄していまだ解脱の種を植えず。我らとて人。善果を受けて今がある身。それはあなたも同様。なぜ毛嫌いなされるか。

弦を弾いたときに鳴るような、短く切れて余韻が残る音が一つ、低く響く。

直義　言うまでもない。穢れであるからだ。

女　穢れなどと……その思いも、所詮は己の好都合と不都合の天秤の中から導き出した、言葉の遊びにすぎぬこと。その遊びが生み出す毛嫌いに心を奪われ、人を害することに慣れる。それこそ「解脱の種を植えず」の良い手本となるのでは。

音が停止する。

うまいものよのう。されどお前たちが振り回す教養だの、品位だの、嗜（たしな）みだの。まるで高みにでもいるかのような物言いのすべて。そんなことがお前にできるのも、帝による保護があったればこそ。すなわち、幻想である。

中音域の侘しい物静かな旋律が途切れ途切れに続いていく。

己は幻想の楼閣に居座り、世の男を一廉のものへと導く。聞こえはよいが、人の弱みに寄生するウジムシと、何ら変わるところはない。そのような詐術に惑わされる者が都に蔓延（はびこ）っていたために、政道は廃れ、鎌倉も滅び、帝も吉野へ下らなければならなくなったのである。

地鳴りのような音が重なってきて、その上に、豊かな鐘の音が、時間をあけて繰り返し鳴らされる。

どれほど尊い命が失われたことか。どれほどの英傑が悔しさの中で腹を切らねばならなかったことか。

あのような苦しみも、地獄も、もうこの国の歴史は、未来永劫味わうべき

女　ではないのだ。今、遺された者には、遺された者のなすべきことがある。浄化だ。人を堕落させせぬための、浄化だ。

その浄化とやらのために、我らを虐げ、処罰し、辱め、都より葬り去ったと。

「鐘」の音が止む。

侘しい物静かな旋律は、徐々に高音域へ移りながら音量を増していき、掠れた声のように力なく、優しい旋律へと変わる。

直義　もちろんお前たちも人である。人であるゆえに、かような仕打ちには腹も立とう。苦しみもあろう。されど、我らとて、喜んでお前らを苦しめているわけではない。浄化は、階段を上ることに似ている。一歩、また一歩。足を前に進めるたびに、人は息を切らす。胸も苦しくなる。その苦しみに耐えつつ、それでも上り続ければ、いつしか高みに立つことができる。高みに立って眺めるとき、初めて広大な光景を見ることができる。それを見て初めて、自分が苦しんできたことが報われるのだ。

すべての音が止む。

お前たちを虐げるのも、道半ばならではの「苦しみ」の一つ。それをお前も、我らも、双方が耐えることで、人は高みに立てるようになるのだ。一度高みに立つことができれば、人は行いを変える。行いが変われば世が変わる。人の世から無慈悲な殺戮をなくすためには、今、この苦しみに耐えねばならぬのだ。

　恨みたければ恨むがよい。されど、我も後悔はない。人を高みへと導き、この世の表情を少しでも品位あるものに変えることができるならば、憎まれようとも、蔑まれようとも、一向に構わぬ。喜んでこの身を捧げよう。

女

　三途八難の悪趣に堕して、患（かん）に碍（さ）えられて既に発心の媒（なかだち）を失う。

　独りよがりよのう。そなたが今、そうやって一端（いっぱし）の口をきいていられるのは、誰のおかげであると思うておられるのか。親がいて、祖父母がいて、その前がいて。それでいながら、何が己の生命の源であるのかは、まったく見えぬ。始まりもわからぬのが人の命。そして同様に、来世なお来世。さらに世々の終わりを弁えることなし。この先、子孫へと引き継がれる未来も、まったく見ることができない。それも人の世。

　そなたは、その聡明な目で、今一度己自身のことを見直すべきなのでございましょう。

直義　わかったようなことを言うな。そうやって、お前は人を惑わしてきたのだ。仮に同じことを、このあたりに横たわっている乞食が話したとしよう。いったい、どれだけの人間がそれに耳を傾けるのか。すなわち、お前の言葉に力を与えているのは、お前の容姿や仕草、それを飾る装飾の類。お前自身ではない。

お前こそ、その思い上がった目で、今一度己自身のことを見直すべきなのである。

女　すべての人々の背景にある先祖からの寿ぎ。それを無視して何の高みであるのでしょうか。

直義　人はあくまでも今を生きる。生き抜かねばならぬ義務がある。寿ぎに感謝する心は大事かもしれんが、それに束縛されてしまえば、義務を放棄することになる。ゆえに人は、過去からも、時からも解放されなければならない。

女　解放されることと、対岸に押しやることとは別でございましょう。人は、時とともにいてこそ、その存在を揺るぎないものにするものです。

直義　揺るぎない存在など、幻想だ。単純に努力さえすれば、そのようなものになれる。そんな幻想が、人を堕落させるのだ。日々の努力が、人を幸福にするなど、今の問題を将来に預ける逃げ口上にすぎぬ。

明日、いや、次の瞬間消滅しているかもしれぬ己の存在を意識すれば、先祖からの寿ぎなどという、生ぬるいことを持ち出すこともなく、完全なる「一人の存在」として、今の行いに責任を持つようになるであろう。

女　人は「一人の存在」では生きてゆけぬ生き物です。結ばれ、繋がり合うことで、獣からの攻撃にも、自然による災害にも耐えてこられたのです。その前提を否定するのは、増長というものです。

直義　完全な個人はそれをも超越する。

女　完全な個人は、極端に弱い生き物です。

直義　完全な個人にこそ、自由は許される。

女　完全な個人には、自由は負担になります。

直義　完全な個人には、神信心（かみしんじん）も必要がなくなる。

女　完全な個人は、神を想像する力をも失っていきます。

直義　完全な個人には、その想像力すら必要がない。

女　神を想像できぬ個人は、もはや人間ではありません。人間である必要がないからです。人間である自覚も必要なく、自覚を伴った行いもしなくなるからです。

直義　概念の問題だ。

女　概念ではなく行為によって人は存在するのではなかったのですか。それはあなたがた兄弟が一番よく知っているはず。あなたの兄、足利尊氏は、概念で勝利したのではないでしょう。

直義　多くの武将を動かした兄の演説は、崇高な概念によって生まれた。

女　すなわち、演説という行為なくしては、何も生まれなかったわけです。

直義　お前が兄の、何を知っているというのか。

女の照明消える。

女、直義の背後に立つ。

女に照明。

女　鴨川をご覧になられましたか。

「気配」を表す管楽器の高音が微かに鳴り始めて、穏やかな起伏が続いた後に、静かに消えていく。

直義、はっとして後ろを振り向く。

ただし冷静さは保っている。

女　あなた方が、帝を都より追放なされるまで、鴨川は常に美しく保たれていました。しかし今は、髑髏や半ば腐った屍があちこちに転がっています。それを清める人がいなくなったからです。清める人たちを、帝は高貴な存在として皆に崇めさせておりました。されど、帝を追放したあなたたちは、彼らを穢れとして蔑んだ。民もそれに迎合していく。それがあなたたちの残した概念です。その概念が鴨川を汚している。世の表情は、明らかにあなた方の、その崇高と喧伝する概念を、受け入れてはいない。

直義　いずれそれも処理される。時が解決する。

女　時は共有してこそ力を発揮するもの。完全な個人などという、化け物を生み出すというあなた方に、時がいつまでも味方してくれると考えるのは、虫が良すぎるというものでしょう。

直義　時も実体を伴わぬ概念だ。敵も味方もありはせぬ。

女　つまりあなたの理想には実体がない。

直義　言葉遊びはそれまでだ。兄上が戻るまでに、この都の腐った枝葉を切り落とさねばならん。掃除の邪魔をするな。

女　その、あなたの慕う兄上なるもの。それを信じるのは、兄の理想に共感しているからでしょうか。それとも兄であるからでしょうか。信じることが、

直義　あなたにとって都合が良いからでしょうか。

女　考えたこともない。つまらぬことだ。

直義　（笑う）

何がおかしい。

女　あなたとお兄様とを繋ぐのも、時のなせる業。所詮人は、生まれながらにして時のくびきからは逃れられないのですよ。そのくびきのことを、兄弟の絆という意味においては、「母」と呼ぶのではございましょう。

人が今を生きるというあなたの理想。それを徹底するのであれば、このくびきを滅ぼさねばなりません。それがあなたにできますか。仮にそれができたとして、あなたはその瞬間、兄を兄だと思えなくなる。完全なる個人としての兄と、完全なる個人としてのあなたの間には、特別な結びつきが存在しなくなるのですから。そんな相手との間に交わされる言葉に、あなたは心から身を委ねることができますか。己だけの想像力で、善なる姿を構築することができますか。疑心暗鬼にならぬと言えますか。

真っ直ぐな心で兄と言葉を交わせなくなるとき、あなたの潔癖さは、兄を敵と見なすことになるでしょう。そのとき、刃を振り下ろしてしまえば、それは拭いきれない「母」への裏切り――大いなる罪を犯すことになる。

その罪の重みに、あなたは耐えることができますか。


直義はじっと女を見る。

そしてゆっくりと太刀を引き寄せ、鞘を抜いて戻す。

カチンという音とともに、暗転。

照明が戻ると、直義の足元に観音像が転がっている。

直義はそれを拾う。

素早く息を吹き込まれた、高音が引き延ばされる。音の層が次第に重なり、柔和な響きが広がった後に、地鳴りの旋律が、ゆらゆらと蜃気楼のように現れては消えるのを繰り返す。

直義

観音像……。

祈る者にも常に手を合わせておられる……。

だが、憐れみなど、わしには不要だ。

観音像を文机の上に置く。

再び書き物を続ける。

第五幕

暗転。
音が止む。

「器」の奥を使用。
細かい打音で余韻をつけた、砧の音が繰り返し強く響き渡る。
坊主の読経（＝法華経より「観世音菩薩普門品」）の声が響く。
同じく、砧を叩く音が聞こえている。
一人の武士。舞台中央にある花道を通ってやってくる。
手には杜若と数珠。
真っ直ぐ歩いて、「器」の奥に。
そこで西（下手）を向いて花を献げ、手を合わせる。

そのまましばらく祈り続ける。
下手にほんのり照明。
女が立っている。
砧の音は次第に弱まり不規則に続く。

女　いまさら……。

砧の音が止む。
武士、女の姿に気づく。
多少くつろいだ感じに声をかける。

武士　恨んでいるのか。

女　（静かに落ちる涙を、袖で拭いつつ、消え入るような声で）……いいえ。

武士は幾度か首を縦に振る。

武士　すまなかった。

女　謝っていただくことなど……。私はただ、生きている間、あなたを待ち、そして待つうちに死んでいった。それだけのこと……。単なる事象と事象。その重なり合いにすぎませぬ。あなたには関係のないことです。

武士　ただ……。

女　ただ。己の妄執が、苦しめるのみ……。

低く響く音が静かに素早く聞こえた後、すべての音がぴたりと止む。

武士　そなたを思わぬ日はなかった。

女、じっと武士の方を見る。
一、二歩武士の方に近づく。

女　心なき、草木でさえも花を咲かせるときを知る。鳥けだものも心はありましょう。なのにあなたは……。

武士　昼も夜も。埃まみれとなった都の衰退。その混乱の中で、己が己でおれたのは、そなたへの思いがあったればこそ。

女、再び黙って武士を見る。

さらに一歩、二歩、武士に近づく。


男　足利直義様が、その兄尊氏様に毒殺されてしまったのだ。その後の混乱は、それこそ目も当てられぬものであった。方々で子どもが拐（さら）われてゆく。鴨川は死体とゴミで埋もれてゆく。遊女は教養ではなく、体を売るようになる。心ある者がいかように信念を貫こうと努力すれども、無表情な個人ばかりが取り囲んでゆく、どこまでも他人事としてしか眺めていない。個人たちは、人の道に興味すら持たない。

人々は生きている実感よりも、虚しさを募らせるだけ。

まるで実体のない、それでいて巧妙な偽物、紛い物に囲まれるなかで、誤認に塗（まみ）れた鼓動を聞かされる。いったい、どこから手をつければいいのか、どうすれば都はもとに戻ってくれるのか、まったくわからぬまま、手探りの日々。

女　その深淵にいて、街の秩序を取り戻さんとしているうちに、お前を失ってしまった。寂しさの中で一人、置き去りにしてしまった。

武士　現実が、さほどに苦しいのなら、せめて夢にて、私の思いを感じてくださってもよかったものを……。

愚かなる男の意地。口に出すことを潔しとしなかったばかりに……。今、手元に残るは悔いばかり。

女は黙って武士を見る。

武士も女を見る。

女、さらに近寄る。

武士　許してはくれまいか。

女　許すも何も……。私には対岸の岸辺に留まる小舟を見ているようでございます。もはやあなたには、あなたにとっての時が流れ始めている。私にはなくなってしまった時の流れが、あなたのそばにはある。動いている。

武士　わしだけの時など、ありはせぬ。わしの心の中で、お前は今も……。

不規則に続く砧の音は、次第に強まりながら続く。

女　だんだん、あなたのおっしゃることが、私にはもう……。

武士　待て！　そんな別れ方は！　違う！　違うのだ！

武士は急いで献げていた杜若を握りしめると女の方に差し出す。

武士　お前の愛していた杜若だ。わかるか。この花には、お前との時が刻まれている。思い出すのだ！　わしは……わしは……。

音の層が急速に厚みを増して、最大音量に達すると、続いていく砧の音だけを残して停止する。

高音が、微かに鳴り始める。

女　あなたは……どなた……。

武士は杜若を落とし、立ち上がって、女の目の前に。

少し抗う女を抱きしめる。

そのまましばし抱き合う。ゆっくりと女の手や体から力が抜け、武士から崩れ落ちるように離れてゆく。

音が消えていく。

女はゆっくりと下手へ。

武士は、膝をいざって、それを追いかけようとするが、ぐっと拳をつくり膝を握って我慢をする。

そのうちに肩を落とし、静かに手を合わせる。

杜若にのみスポット。他は暗転。

砧の音のみがしばらく残り、そして消える。

下手から女中が出てきて、杜若を花瓶にさす。

それを持って器の中に。

北側にそれを飾ると下手にはける。

了

参考文献

網野善彦『日本中世に何が起きたか　都市と宗教と「資本主義」』角川ソフィア文庫、二〇一七年
アントナン・アルトー著、鈴木創士訳『演劇とその分身』河出文庫、二〇一九年
植木雅俊訳・解説『サンスクリット版縮訳　法華経　現代語訳』角川ソフィア文庫、二〇一八年
海野聡『森と木と建築の日本史』岩波新書、一九二六年
江藤淳『成熟と喪失　〝母〟の崩壊』河出書房、一九六七年
太田博太郎『床の間　日本住宅の象徴』岩波新書、一九七八年
川村湊『補陀落　観音信仰への旅』作品社、二〇〇三年
グレゴリー・ガリー著、佐復秀樹訳『宮沢賢治とディープエコロジー　見えないもののリアリズム』平凡社ライブラリー、二〇一四年
クロード・レヴィ＝ストロース著、大橋保夫訳『野生の思考』みすず書房、一九七六年
澤田ふじ子・荒木元悦／千宗室監修、大橋治三撮影『日本の庭園美3　慈照寺銀閣　義政の数寄空間』集英社、一九八九年
柴田秋介撮影、宮上茂隆解説『日本名建築写真選集11　金閣寺・銀閣寺』新潮社、一九九二年
下垣仁志『歴史文化ライブラリー547　鏡の古墳時代』吉川弘文館、二〇二二年
末木文美士『草木成仏の思想　安然と日本人の自然観』サンガ文庫、二〇一七年
菅谷文則『日本人と鏡』同朋舎出版、一九九一年

ステファノ・マンクーゾ／アレッサンドラ・ヴィオラ著、久保耕司訳『植物は〈知性〉をもっている
20の感覚で思考する生命システム』NHK出版、二〇一五年
多川俊映『NHK宗教の時間　唯識（上）　心の深層をさぐる』NHK出版、二〇二一年
――『仏像　みる・みられる』角川書店、二〇一八年
田坂広志『死は存在しない　最先端量子科学が示す新たな仮説』光文社新書、二〇二二年
ハン・ドンイル著、本村凌二監訳、岡崎暢子訳『教養としての「ラテン語の授業」　古代ローマに学ぶリベラルアーツの源流』ダイヤモンド社、二〇二二年
前久夫著、山田幸一監修『物語ものの建築史　床の間のはなし』鹿島出版会、一九八八年
安田登『異界を旅する能　ワキという存在』ちくま文庫、二〇一一年
吉野裕子『陰陽五行と日本の文化　宇宙の法則で秘められた謎を解く』大和書房、二〇〇三年
龍門寺文蔵『「雨ニモマケズ」の根本思想　宮沢賢治の法華経日蓮主義』大蔵出版、一九九一年

内田利恵子

一級建築士。設計事務所勤務を経て1996年に「内田利恵子設計事務所」を開業。

翌年より1年間の欧州建築行脚の旅に出る。2006年に「建築設計室Morizo-」に改称。

翌年より、林業、製材業の体験を積み、木の研究を始める。さらには木構造、伝統構造を学ぶ。2011年には山と町を繋ぐ「LLP吉野やままち」発足。

2015年より「器プロジェクト」スタート。2017年には「器プロジェクト」がウッドデザイン賞を受賞する。2018〜2020年渡独。ベルリン事務所開設。日本の建築デザインをヨーロッパのものと融合させることを目標に活動を始める。2021年帰国。

器（UTSUWA）プロジェクト実行委員会設立。

取材協力

紙戸屋　中野表具店
中野泰仁
中野智佳子

株式会社　未来工房
前田秀幸

ジャポグラススタジオ
和田友良

大江畳店
大江俊幸

＊＊＊

京都美術工芸大学副学長
京都大学名誉教授
博士（工学）／一級建築士
髙田光雄

著者略歴

中野 順哉　JUN-YA NAKANO

作家。小説を阿部牧郎、浄瑠璃台本を七世鶴澤寛治の各氏に師事。2000年、琵琶湖水質浄化の紙を演奏会のチラシ・プログラムに使用することで年間5000トン以上の湖水を浄化する企画を立ち上げる。2002年より各地の歴史をテーマにした講談を創作し音楽とコラボさせた「音楽絵巻」を上方講談師・旭堂南左衛門とともにプロデュース。上演した作品は150作以上にのぼる。2014年、独自の大阪文化論「私の見た大阪文化」を作成。英語翻訳を併記した冊子にし、各国総領事館に配布。その論をベースに2015年関西学院大学において社会連携プロジェクトの講義を行う。参加学生の意見をもとに「Just Osaka」と題した動画を制作しYouTubeにて配信する。2015年より雑誌『新潮45』において「歴史再考」を執筆。2018年より株式会社ティーエーエヌジーとともにアニメ声優の朗読劇「フォアレーゼン」をプロデュース。すべての台本を執筆。公演数は100回を超える（2023年現在）。2021年、文楽三味線の鶴澤清志郎とともに令和の浄瑠璃の創造を目指すユニット「三善座」を結成。現在は企業の商品・企業活動に人格を与えるブランドパーソナリティ、ブランドストーリーの構築も行う。

主著『うたかた――七代目鶴澤寛治が見た文楽』（関西学院大学出版会）。『あの駅に着いたら…』、『ほうじ茶』（Team GKM & DCL）。『ンポロゴマの倒錯』（関西学院大学出版会）。『小説最上義光　つわもの』（アルトスリー）。『日本再起動』（共著／関西学院大学出版会）。『永遠の「俺の空」』（関西学院大学出版会）。『「感じる」テクノロジー』（関西学院大学出版会）。『ほんまにそのお店「おいしい」と思ったはります』（共著／ケイオス）。

音楽演出

森めぐみ

作曲家。東京藝術大学音楽学部作曲科を経て、同大学大学院 美術研究科 先端芸術表現専攻在学。身体の内部から発露する音楽についての作品制作・研究を行っている。

2020年より声優朗読劇「フォアレーゼン」の作曲・ピアノ演奏を担当。

第36回京都芸術祭音楽部門にて舞踏作品を発表。

2022年東京藝大I LOVE YOUプロジェクトの助成を受け、音楽と舞踏を通して「きくこと」「みること」を考える、身体表現ワークショップと公演『Musicking』を企画・実施。

パラダイムシフトの群像 Case 005

器
幻想と復讐

2024 年 2 月 28 日 初版第一刷発行

著　者　中野順哉

発行者　田村和彦
発行所　関西学院大学出版会
所在地　〒 662-0891
　　　　兵庫県西宮市上ケ原一番町 1-155
電　話　0798-53-7002

印　刷　協和印刷株式会社

Printed in Japan by Kwansei Gakuin University Press
ISBN 978-4-86283-379-2
乱丁・落丁本はお取り替えいたします。